김철언의 마라톤 100일 트레이닝

김철언의 마라톤 100일 트레이닝

김철언 지음 | 황세정 옮김

세개의소원

김철언의
마라톤 100일
트레이닝
100일이면 충분하다, 오늘 해야 할 훈련은 이것이다!

1판 1쇄 발행 2020년 8월 17일
1판 3쇄 발행 2023년 12월 1일

지은이 김철언
옮긴이 황세정

발행인 김용환
디자인 김가희

등록 2019년 7월 16일(제406-2019-000079호)
주소 경기도 파주시 문발로 197 1층 102호
연락처 070-8957-7076 / sowonbook@naver.com

ISBN 979-11-969331-5-9 13690

이 도서의 국립중앙도서관 출판예정도서목록(CIP)은 서지정보유통지원시스템
홈페이지(http://seoji.nl.go.kr)와 국가자료종합목록 구축시스템(http://kolis-net.nl.go.kr)에서
이용하실 수 있습니다. (CIP제어번호 : CIP2020025187)

개정판 서문

　기록을 세우고 싶은 시민 마라토너라면 한 번쯤 들어봤을 《김철언의 마라톤 훈련법을 알 수 있는 책(金哲彦のマラソン練習 法がわかる本)》을 재편집해서 《김철언의 마라톤 100일 트레이 닝》이라는 제목으로 다시 발간하게 되었다.

　교정쇄를 찬찬히 들여다보다 첫 단행본이 나온 2009년부터 지금까지 일어난 각종 재난 사고를 떠올려보았다.

　동일본대지진, 태풍 피해 등…….

　인간은 자연을 거스르지 못한다. 머리로는 잘 알고 있지만,

그 사실을 받아들여야만 하는 마음은 무겁기만 하다.

설령 그 어떤 자연재해가 닥친다 해도 이겨낼 수 있는 몸과 마음을 만드는 것, 이런 목표로 마라톤에 도전해보는 것도 좋지 않을까 생각했다.

단행본으로 시작해 문고판, 그리고 이번의 신서판까지 판형을 변형해나가면서 책의 외형은 점점 세련되어갔고, 내용은 알차고 완성도가 높아졌다.

언젠가 전국을 돌면서 진행한 러닝 클리닉에 참석했다가 독자분이 내민 책에 사인을 해드린 적이 있는데, 책을 어찌나 열심히 읽었는지 곳곳에 포스트잇 플래그가 잔뜩 붙어 있었다.

이처럼 서브 포(sub-4, 마라톤 풀코스를 4시간 미만에 완주하는 것-역주) 달성이라는 꿈을 이루기 위해 트레이닝에 매진하는 독자분들의 열의에 오히려 내가 자극받을 때가 많았다.

지난 10년 동안 이 책이 수많은 시민 마라토너의 기록 향상에 일조한 것 같아 저자로서 감개무량할 따름이다.

참고로 이 책은 원래 프로 코치나 일류 선수들이 실천하고 있는 올바른 마라톤 트레이닝 메뉴를 시민 마라토너들이 따라 할 수 있도록 최대한 쉽게 풀어 쓴 책이다.

거리나 시간, 페이스 등을 나타내는 수치만 나열한 트레이닝 메뉴는 자칫 딱딱하고 지루할 수 있다. 이 책은 그런 수치의 조합에 의미와 목적을 부여해 마치 요리 레시피처럼 누구나 자신에게 맞게 응용할 수 있도록 했다.

원래 승부나 기록을 좌우하는 트레이닝 메뉴는 저마다 내용이 천차만별이다. 예를 들어 최고의 선수 2명이 같은 경기에서 똑같이 2시간 8분 30초에 들어왔다고 하자. 두 사람이 그동안 똑같은 방법으로 트레이닝을 했기 때문에 똑같은 기록을 냈을까?

그럴 가능성은 거의 없다. 심지어 두 선수가 쌍둥이라고 해도 트레이닝 메뉴는 저마다 다를 것이다. 그것이 현실이다.

똑같은 트레이닝 메뉴를 따랐다고 해도 효과적인 운동 강도는 개인의 체력이나 날씨, 코스 환경 등에 따라 저마다 차이가 난다. 인간의 몸에는 튼튼한 부위와 예민한 부위가 혼재해 있다. 고장이 나도 기계처럼 부품을 쉽게 교체할 수 없고, 프로그래밍이 잘되어 있다고 해도 반영구적으로 쓸 수 없다.

하지만 이처럼 천차만별인 트레이닝 메뉴에도 바꿀 수 없는 핵심 사고나 노하우는 존재한다. 그 핵심을 독자분들에게 알려주는 것이 바로 이 책의 목적이기도 하다. 이러한 핵심을 알고 트레이닝을 하느냐 모르고 하느냐에 따라 그 결과는 크게 달라진다.

핵심을 제대로 이해하면 부상 위험이 줄어들고, 성공 확률은 더욱 높아진다.

최근 10년 사이에 일본 마라톤계는 크게 변화했다.

풀코스 마라톤을 목표로 하는 시민 마라토너의 수가 증가하더니 2015년에는 급기야 일본 풀코스 마라톤 완주자 수가 미국을 제치고 세계 1위를 기록했다.

이러한 사실에 나는 상당히 놀랐다. 이런 현상이 의미하는 것은 무엇일까?

물론 시민 마라토너의 수, 건강에 대한 관심 등은 여전히 미국이 세계 최고를 차지한다. 하지만 풀코스 마라톤 완주자 수만큼은 일본이 미국을 능가한다.

미국의 경우, 하프 마라톤 같은 단축 마라톤의 완주자 수가 일본을 크게 웃돈다. 미국에서는 풀코스 마라톤을 프로들의 '경기'로 인식하는 편이라 건강을 위해 운동하는 사람들은 풀코스 마라톤을 다소 기피하는 경향이 있다.

하지만 일본에서는 '기왕 할 거면 풀코스를 뛰어야지'라고 생각하는 사람이 많다. 단순히 건강을 생각해서 가볍게 달리는 수준에 그치지 않고, 달리기 그 자체를 추구하고 탐구하려 드는 것이다.

확실히 달리기나 마라톤은 단순히 즐기는 레크리에이션 같은 측면 외에도 깊이 탐구하며 자신과 싸워나가는 '수행'의 측면이 있다.

어느 한쪽이 정답이라 할 수는 없지만, 후자의 가치관을 지닌 마라토너는 이 책처럼 트레이닝의 본질을 연구하는 내용을 꼭 한번 짚고 넘어가야 할 것이다.

지난 10년간 변한 점은 또 있다.

비록 비공식 경기이기는 했지만 케냐의 엘리우드 킵초게 (Eliud Kipchoge) 선수가 인류 역사상 최초로 2시간의 벽을 무너뜨렸다.

여자 마라톤 세계 기록도 드디어 2시간 15분의 벽을 깨는 수준에 이르렀다. 물론 그 이면에는 마라톤화에 탄소섬유 판을 사용해 유례없는 기록 갱신을 이끌어낸 기술의 발전 또한 있었다.

이런 다양한 변화 속에서도 변함없이 이어져 내려온 것이 있다. 요컨대 운동생리학에 바탕을 둔 트레이닝의 기본 방향만큼은 그대로 유지되고 있다. 그리고 시민 마라토너가 서브 스리(sub-3, 마라톤 풀코스를 3시간 미만에 완주하는 것-역주)나 서브 포를 달성하는 것 또한 여전히 쉽지 않다.

그 꿈을 목표로 하고 있다면 트레이닝을 하기 전에 반드시 이 책을 찬찬히 들여다보았으면 한다.

프로 러닝 코치
김철언

차례

1; 마라톤 풀코스를 완주하게 하는 매력

2; 트레이닝 기초 지식

6; 벼락치기 30일 트레이닝
시간이 없는 사람을 위한 메뉴, 지금부터라도 괜찮아!

7; 마라톤 Q&A   223

트레이닝 메뉴를 구성하는 방법

　요즘은 시내 곳곳에서 달리기하는 사람들 모습을 흔히 볼 수 있다. 이들은 대학 육상부나 실업팀에 소속된 선수가 아니다. 이른바 '시민 마라토너'라 불리는 일반인이다. 물론 과거에도 달리기를 하는 사람이 없었던 것은 아니다. 하지만 예전에는 그런 사람들이 대부분 연습하기 좋은 공원이나 강변, 시내 외곽의 도로 등 일부 지역에 집중된 편이었다.

　하지만 요즘은 추세가 조금 바뀌었다. 일부 지역에 국한하지 않고 말 그대로 도심 곳곳을 달리는 분위기이다. 오피스가, 상점가, 국도변, 관광지 등 시민 마라토너들의 활동 범위가 점차 넓어지고 있는 것이다.

그러다 보니 이러한 분위기에 휩쓸려 달리기에 대한 예비지식이 거의 전무한 상태로 달리는 초보자가 많다. 어디서나 그냥 달리면 된다고 생각하기 쉬운 것이다.

'이렇게 해야 한다'라는 달리기의 기본 상식조차 없는 사람은 자세나 장소 따위는 신경 쓰지 않고 마음대로 달린다. 막무가내 아마추어들은 겁이 없을 뿐만 아니라 신출귀몰하기까지 하다.

게다가 시민 마라토너의 수가 늘어난 탓에 이른바 '달리기의 성지'라고 알려진 곳에서는 교통 정체가 아닌 '마라토너 정체'가 일어나기도 한다.

일본인은 원래부터 텔레비전을 통해 국제 마라톤 대회나 역전 마라톤 등 감동적인 드라마가 있는 스포츠를 즐겨 보는 편이었다. 하지만 어디까지나 보는 것에 국한된 것이지, 실제로 달리기를 잘하는 편은 아니다. "달리기를 좋아하세요?"라고 묻는다면 아마도 "좋아한다"라는 답변보다 "싫어한다"라는 답변이 많았을 것이다.

이처럼 달리기를 싫어하던 사람들이 갑자기 달리기를 시작한 데에는 그만한 이유가 있을 것이다. 그 이유를 육체적·정신적 측면으로 나누어 생각해볼 수 있다.

우선 육체적 측면에서는 비만이나 생활 습관병 등 현대인의 고질적 질환을 개선하고자 하는 절박한 이유가 있다. 그리고 정신적 측면에서는 업무나 인간관계에서 받은 스트레스를 해소하려는 목적도 있다. 또 '30대가 되기 전에 유명 마라톤 대회에 도전하겠다'는 목표를 세우고 달리기를 인생의 전환점으로 삼으려는 사람도 있다.

다이어트, 생활 습관병 개선, 스트레스 해소, 인생의 전환점······. 아마도 대부분의 사람이 이런 이유로 달리기를 하고 있을 것이다. 조금 과한 표현이지만, 언젠가는 전 국민이 마라토너가 되는 시대가 올지도 모른다는 상상을 해보기도 했다.

2000년대 이전까지 일본에서 이러한 초보자의 마라톤 열풍을 이끌어온 것은 해마다 12월에 하와이에서 열리는 '호놀룰루 마라톤'이었다.

호놀룰루 마라톤은 45년 넘는 역사를 자랑한다. 그만큼 전통 있는 미국의 마라톤 대회 가운데 하나이다. 그런데 이제는 이러한 호놀룰루 마라톤에 참가하는 약 3만 명 중 일본인의 비율이 절반 가까이 된다고 한다. 하와이를 좋아하는 일본인이 와이키키 비치를 점거하다시피 하는 것은 흔한 일이지만, 호놀룰루 마라톤 기간에는 그 정도가 심해진다. 최근에는 호놀룰루 마라톤 투어 상품에 예약 대기자까지 생기는 경우가 심심치 않다.

'도쿄 마라톤'은 그런 마라톤 열풍을 한층 가열시켰다.

100명 정도의 프로 선수만 참가했던 대회가 2007년 2월 시민 마라토너들까지 참여하는 대회로 새롭게 탈바꿈했다. 이후 지금까지 도쿄 마라톤 대회의 인기는 꾸준히 높아지고 있다.

제1회 대회부터 9만 명에 가까운 인원이 참가 신청서를 냈고, 제2회 대회는 참가자가 무려 15만 명까지 늘어났다. 그리고 2009년에 열린 제3회 대회는 참가자가 약 26만 명에 달했고, 지금은 그 수가 30만 명을 넘어섰다. 일본인이 대체로 유행에 민감하고 새로운 것에 관심을 보이는 편이기는 하지만, 이제는 그 인기가 조금 과하다 싶을 정도이다.

이러한 마라톤의 인기에는 여러 요인이 있다. 우선 언론에서 도쿄 마라톤을 자주 소개했고, 그 밖에 인기 탤런트나 여자 아나운서가 참가해 화제를 끈 영향도 크다.

하지만 그것이 다가 아니다. 언론이 아닌 다른 경로를 통해 도쿄 마라톤을 접한 사람들까지도 마라톤에 큰 매력을 느끼게 된 것이다.

도쿄 마라톤 대회 당일 거리 한복판에 운집한 3만 명 넘는 마라토너를 직접 본 사람이나 출발점 앞에 서서 대회에 참가한 선수들을 응원한 사람들 대부분이 남녀노소가 다 같이 달리는 마라톤에 순수하게 감동하고, 큰 자극을 받았으리라 생각한다.

또 직장 동료 등 가까운 지인으로부터 마라톤에 참가한 경험담을 듣고 '언젠가 나도 한번 도전해봐야지'라는 충동에 휩싸인 사람도 있을 것이라 쉽게 짐작할 수 있다. 이유가 무엇이든 도쿄 한복판을, 그것도 평소에는 접근할 수 없는 차도를 당당하게 두 발로 달리는 일은 기분 좋은 경험일 것이다.

호놀룰루 마라톤과 도쿄 마라톤은 개최 시기나 제한 시간(호놀룰루 마라톤은 제한 시간이 없고, 도쿄 마라톤은 7시간)이 각기 다르지만, 참가자 수는 거의 비슷하다. 하지만 두 대회에서 크게 차이 나는 부분이 있다. 바로 완주자 수가 가장 많은 시간대, 즉 볼륨 존(volume zone)이다.

호놀룰루 마라톤은 볼륨 존이 5~6시간이지만, 도쿄는 4시간대이다. 상당히 큰 차이이다.

이 같은 시간 차가 발생하는 요인은 무엇일까?

가장 먼저 생각해볼 수 있는 것은 기후이다. 호놀룰루 마라톤은 더운 지방에서 열리는 만큼 도쿄 마라톤보다 기록이

떨어진다. 게다가 호놀룰루 마라톤에 제한 시간이 없다는 점
또한 큰 요인이라 할 수 있다.

호놀룰루 마라톤은 '트레이닝을 따로 하지 않아도 걷다 보
면 어떻게든 완주할 수 있겠지'라는 가벼운 마음으로 참가하
는 이가 많은 편이다. 나는 해마다 호놀룰루 마라톤 투어에서
세미나를 개최하고 있는데, 실제로 10년 전쯤에는 세미나 참
석자 가운데 80%가량이 마라톤에 처음 도전하는 초보자들
이었으며, 그중 10%가량은 대회 당일까지도 트레이닝을 전혀
하지 않을 만큼 겁이 없었다(2019년부터는 이런 초보자가 마라톤
에 참가하는 비율이 감소하는 추세이다).

하지만 도쿄 마라톤은 비록 7시간이기는 하지만 제한 시간
이 있다. 게다가 국내에서 열리기 때문에 선수들을 응원하러
오는 응원단도 많다.

가족이나 지인이 응원하러 오면 누구나 당당하게 달리는
모습을 보여주고 싶을 것이다. 그렇기에 '폼 나게' 뛰고 싶은
마음이 크고, 어떤 식으로든 경기 전에 트레이닝을 하는 사

람이 호놀룰루 마라톤 참가자에 비해 압도적으로 많다.

그렇다면 과연 시민 마라토너들은 어떤 식으로 트레이닝을 하고 있을까?

최근 들어 마라톤 관련 서적이 예전보다 많이 출간되고 있다. 학구열이 높은 사람은 관련 서적을 읽거나 인터넷으로 정보를 찾으며 자세와 트레이닝 방법 등을 연구한다. 또 최근에는 전문 코치가 있는 러닝 클럽도 늘어나는 추세이므로 이런 클럽에 가입해 트레이닝 방법을 배우는 사람도 많다. 하지만 여전히 대다수 시민 마라토너는 별생각 없이 그저 달리기만 한다.

물론 그런 사람들 중에도 성공하는 경우가 있지만, 실패하는 경우가 더 많은 게 사실이다. 마라톤 트레이닝 방법에 대해 이야기할 때 자주 등장하는 지표가 있다. 바로 '월간 주행거리'이다. 월간 주행거리는 한 달 동안 뛴 총거리를 말한다. 월간 주행거리가 100km도 채 되지 않는 사람이 있는

가 하면, 시민 마라토너인데도 거의 선수 수준으로 한 달에 500km 가까이 뛰는 사람이 있다.

참고로 올림픽에 참가하는 마라톤 선수들은 당연히 한 달에 1,000km 이상을 달린다. 일본의 대표적 대학생 릴레이 마라톤 대회인 '역전 마라톤'에 참가하는 선수들도 700km 이상은 뛴다.

시민 마라토너 중에서 서브 스리를 달성한 사람 등 일부 빠른 선수들은 당연히 월간 주행거리가 길다. 대략 300km는 될 것이다. 하지만 마라톤 풀코스를 4시간, 5시간, 6시간에 완주하는 사람들의 월간 주행거리는 그야말로 제각각이다.

한 달에 100km를 뛰는 사람의 기록이 4시간 초반대인 반면, 200km를 뛰는 사람이 5시간을 넘기는 경우도 종종 있다. 물론 이러한 차이에는 신체 요소, 페이스 배분, 컨디션 등 다양한 요인이 영향을 끼칠 것이다. 하지만 각각의 조건은 모두 달라도 한 가지 잊어서는 안 되는 점이 있다. 바로 월간 주행거리가 동일해도 트레이닝 내용과 구성에 따라 결과가 크게 달라진다는 것이다.

일류 마라토너는 매일 '트레이닝 일지'를 꼼꼼히 작성하고, 밤낮으로 '트레이닝 메뉴'를 연구한다. 월간 주행거리보다 오히려 트레이닝 메뉴 내용에 더 신경 쓴다고 해도 과언이 아니다. 아무리 많이 뛰어도 경기 당일에 제 능력을 100% 발휘하지 못하면 이길 수 없기 때문이다.

즉, 무작정 열심히 달리는 것이 아니라 전략과 체력, 데이터를 모두 활용해서 자신의 신체를 최상의 상태로 만드는 데 길잡이 역할을 하는 게 바로 트레이닝 메뉴이다.

2004년 아테네 올림픽 여자 마라톤 금메달리스트인 노구치 미즈키(野口みずき) 선수의 좌우명은 '달린 거리는 나를 배신하지 않는다'였다. 노구치 선수 또한 무작정 오래 달리기만 한 것이 아니라 치밀하게 짠 트레이닝 메뉴를 소화한 결과, 그만큼의 주행거리를 달성할 수 있었다.

일류 마라토너의 트레이닝 메뉴는 거의 공개되지 않는다.

트레이닝 메뉴 자체를 '기업 비밀'로 여기기 때문이다. 이를테면 일류 레스토랑의 극비 레시피 같은 것이라 할 수 있다.

사실 이제껏 시민 마라토너를 대상으로 트레이닝 메뉴를 자세히 설명한 책은 없었다. 올바른 방법으로 트레이닝을 한다면 무턱대고 덤벼들지 않고, 부상 위험은 줄이면서 좀 더 수월하게 마라톤을 완주할 수 있는 사람이 많을 텐데……

마라톤 잡지의 기획 기사로 트레이닝 메뉴를 소개하는 경우는 많다. 하지만 그 대부분은 달력에 트레이닝한 날짜를 표시하는 수준에 불과하다. 어떤 데이터를 바탕으로 그런 메뉴를 구성했는지는 거의 언급하지 않는다.

당연한 일이다. 트레이닝 메뉴에 대해 제대로 설명하려면 책 한 권 분량의 지면이 필요할 테니 말이다. 하지만 트레이닝 메뉴를 구성하는 방법과 그 기본이 되는 이론을 이해하고 나면 자신에게 맞게 응용할 수 있다.

일류 셰프의 요리 교실에 참가하면 가정에서도 일류 레스

토랑 수준의 요리를 즐길 수 있다. 마찬가지로 이 책을 끝까지 읽고 마라톤 트레이닝이 무엇인지 이해하고 나면 여러분도 일류 마라토너의 마음가짐으로 트레이닝에 임하게 되고, 그 결과 마라톤 경기의 스타트라인에 자신감 넘치는 모습으로 당당하게 설 수 있을 것이다.

1;

마라톤 풀코스를
완주하게 하는 매력

김철언의

**마라톤 100일
트레이닝**

마라톤에 숨어 있는
엄청난 매력은 무엇일까?

'내가 왜 이런 고생을 사서 하고 있을까?'

마라톤 풀코스를 뛰다가 문득 이런 생각이 든 사람이 적지 않을 것이다.

사실 누가 시켜서 억지로 뛰고 있는 게 아니다. 뛰는 게 일이라서 마지못해 뛰고 있는 것도 아니다. 오히려 누가 이런 고통스러운 일을 시킨다면 단박에 거절할 것이다.

간혹 제대로 뛰어본 적도 없는 사람이 마라톤에 푹 빠져 있는 사람에게 '대체 왜 돈과 시간을 버려가며 그 고생을 사서 하는지 도무지 알 수가 없다'라는 식의 조롱을 퍼붓는 경우도 있다.

해외 대회에 참가하기 위해 휴가를 신청하고 마라톤화와 운동복도 구입해야 하니까 뭐, 시간과 돈을 꽤 들이는 건 맞는 말이다. 하지만 마라톤에 푹 빠져 있는 사람은 상대방에게 그런 쓴소리를 들어도 딱히 받아칠 마음이 들지 않을 것이다. 오히려 남몰래 흐뭇한 미소를 지으며 '달리기의 묘미를 알지 못하는 네 인생이 더 딱하다!'며 속으로는 내심 상대방을 동정할지도 모른다.

마라톤을 취미로 즐기는 사람은 마라톤을 결코 쉽게 보지 않는다. 쉬운 일이 아닌데도 엄청난 매력을 느끼기 때문에 밤낮으로 달리는 것이다.

사람들이 느끼는 마라톤의 매력은 저마다 다를 것이다.

A 씨처럼 번번이 실패했던 다이어트를 성공시켜준 마라톤의 마법 같은 매력에 빠진 사람도 있을 테고, B 씨처럼 열심히 뛰고 난 뒤 맛있는 음식과 술을 즐기며 인생에서 몇 배의 이득을 본 듯한 즐거움, 즉 일종의 보상 심리를 느끼는 사람도 있을 것이다.

이처럼 사람마다 느끼는 매력은 천차만별이겠지만, 마라톤을 하는 모든 사람이 공통적으로 느끼는 감정이 있다. 바로 결승점에 도달했을 때의 '성취감'이다.

성취감은 단 한마디로 표현하기는 어렵지만 강렬한 희열이나 뿌듯함 같은, 우리 삶에서 결코 빠뜨릴 수 없는 감정 가운데 하나이다.

예를 들어 신제품 개발처럼 눈에 보이는 확실한 성과를 거두었을 때 우리는 성취감을 느낀다. 만약 그 성과가 이제껏 누구도 해내지 못한 일이나 경험일 경우, 성취감은 한층 커진다. 하지만 누구나 그런 대단한 성과를 거둘 수 있는 것은 아니다. 하물며 일상생활에서 그런 성취감을 맛보기란 지극히 어렵다.

하지만 마라톤의 세계에서는 대회에 참가 신청서를 내고 정해진 코스를 완주하기만 해도 성취감을 맛볼 수 있다. 갖은 고생 끝에 완주하고 나면 누구나 언제든지, 그 어떤 상황에서도, 설령 좋은 기록을 내지 못했다 해도 깊은 성취감을 맛볼 수 있다.

그러한 깊은 성취감은 연령이나 성별, 직업 등과는 전혀 상관없이 마라톤을 완주한 모든 사람에게 동등하게 부여된다.

결승점에 도달한 선수들은 그 긴 여정을 마치기까지 자신이 겪은 고통과 노력에 대해 이야기하며 서로를 아낌없이 칭찬한다.

성취감은 인간의 단순하고 원초적인 기쁨 가운데 하나이며, 이는 마라톤을 완주할 때마다 마라토너의 마음에 깊이 새겨지는 보상과도 같다.

비록 몸은 고되더라도 마음은 깊은 충족감에 젖는 그 느낌, 마라톤을 해본 적이 없는 사람은 결코 느낄 수 없는 그 신비로운 감각, 이것이 마라톤이 지닌 엄청난 매력이다.

노력과 연구를 거듭하면서
최고 기록에 도전하다 ---------------

성취감이라는 보상을 얻기 위해 사람들은 일부러 힘든 마라톤에 도전한다.

하지만 1년에 몇 번씩 풀코스를 완주하는 사람에게는 어느 틈엔가 완주가 당연한 일이 되어버린다. 그럼에도 단순히 완주하는 것만으로는 성취감을 크게 느끼지 못하는 베테랑 마라토너 역시 그만두지 않고 계속 마라톤 경기에 도전한다. 과연 그 이유가 무엇일까?

성취감 다음으로 큰 마라톤의 매력, 그것은 바로 자신의 개인 최고 기록에 도전하는 것이다. 대회 최고 기록에 도전하는 게 아니라, 어디까지나 '자신의 개인 최고 기록'에 도전하는 것이 핵심이다.

사람은 누구나 나이를 먹는다. 나이를 먹는 것은 그 누구도 피해갈 수 없는 인간의 숙명이다. 나이가 들면 우리 몸은 점점 더 쇠퇴한다. 하지만 마라토너 중에는 나이가 들수록 오히려 마라톤에 더욱 심취하는 사람이 많다.

"난 예순 살에 마라톤을 시작해서 예순다섯에 내 개인 최고 기록인 3시간 50분을 달성했다네. 지금은 일흔다섯이지만, 다음 대회에서 70대 부문 입상을 노리고 있지."

이런 말을 하는 고령의 마라토너도 꽤 많다. 마라토너 중에는 겉모습은 젊어 보여도 실제 나이를 알면 깜짝 놀랄 만한 사람이 상당히 많다.

나이를 먹으면 우리 몸은 점차 쇠퇴하기 마련이지만, 마라톤 기록만은 각자 노력과 연구 여하에 따라 오히려 향상되기도 한다.

'나이를 먹는 것=쇠퇴·후퇴'라는 단순한 도식을 '개인 최고 기록=향상'으로 변혁시킬 수 있는 것이 바로 마라톤이다.

단지 겉모습만으로 중년이나 노인이라는 꼬리표가 붙고 세상으로부터 소외당하는 사람도 마라톤의 세계에서는 전혀 다른 대우를 받는다. 힘차게 뛰는 모습만으로 젊은이들의 존경

어린 시선을 받는다. 사회적 지위와 상관없이 그저 한 인간으로서 다른 사람들에게 받는 존경은 그만큼 큰 가치를 지니고 자신을 빛나게 만든다.

또한 마라톤은 단순히 근력에 따라 순위가 결정되는 스포츠가 아니다. 근력만으로 승부가 정해지는 스포츠라면 무조건 젊은 남성이 다른 누구보다 먼저 결승점에 도달하겠지만, 현실은 그렇지 않다.

호놀룰루 마라톤처럼 초보자가 많이 참가하는 대회에서 경기 후반에 근육통이나 무릎 통증 등을 견디지 못하고 주저앉는 이들을 보면 의외로 젊은 남성이 많다. 전반에 오버 페이스를 하다가 주저앉아버리는 것이다. 그렇게 주저앉은 이들의 곁을 출발점에서부터 자신의 페이스를 유지하며 달려온 고령의 마라토너가 유유히 지나가곤 한다. 주저앉은 근육질의 남성이 "어르신, 미처 몰라뵈었습니다"라며 탄복할 만하다.

또 요즘은 부부가 함께 마라톤 풀코스에 도전하는 경우도 늘고 있다. 그런 부부에게 "어느 분이 더 빠르세요?"라고 물

어보면 의외로 운동선수처럼 보이는 남편보다 운동과는 담을
쌓은 듯 연약해 보이는 아내가 먼저 결승점에 도달하는 일이
꽤 많다.

이처럼 마라톤은 단순히 젊고 체력 좋은 사람이 하는 스포
츠가 아니라, 꾸준한 트레이닝과 연구를 통해 누구에게나 더
발전할 수 있는 기회가 주어지는 스포츠이다.

잊을 수 없는
마라톤 비화

이제껏 나는 수만 명의 마라토너를 만났다. 그들 가운데 내게 큰 감동을 준 사람이 있다.

그분은 50대 여성으로, 울트라 마라톤(ultra marathon, 마라톤 풀코스인 42.195km보다 긴 거리를 달리는 마라톤-역주)에 자주 참가하는 베테랑 마라토너였다. 달리기를 처음 시작한 것은 서른이 가까워질 무렵이었다고 한다. 그 당시 그분은 중병을 앓고 있는 어린 자녀를 매일 보살피고 있었다. 하지만 그렇게 열심히 보살폈는데도 아이는 열 살이 되기도 전에 세상을 떠나고 말았다.

장례식을 마치고 온 가족이 슬픔에 젖어 있던 그때, 그분은 아이를 지키지 못했다는 죄책감에 사로잡혀 있었다. 한때는 자살을 생각할 만큼 괴로운 나머지 아무것도 하지 않고 집 안에만 틀어박혀 있었다.

그렇게 몇 달을 보낸 어느 날, 갑자기 아무 이유도 없이 마치 무언가에 홀린 사람처럼 밖으로 나와 달리기 시작했다고 한다. 평소에 입던 옷을 걸치고, 운동화도 아닌 샌들 바람으로. 그렇게 정처 없이 집 근처를 지칠 때까지 달리고 또 달렸다. 지친 몸을 이끌고 집으로 돌아오면 신기하게도 우울했던 마음이 누그러지고, 머릿속에 죽은 아이의 웃는 얼굴이 떠올랐다고 한다.

그날 이후 그분은 달리기를 죽은 자식에게 바치는 공양이라 생각하게 되었다. 그렇게 매일 달리다 보니 어느새 풀코스 마라톤 경기에도 도전할 수 있었다. 자신이 힘들게 달릴수록 죽은 아이에게 속죄하는 마음이 들어 더 큰 고통을 좇다 보니 울트라 마라톤까지 도전했다. 즉 달리기가 자녀의 죽음이라는 헤아릴 수 없는 슬픔을 극복하는 하나의 방법이 되었던 것이다.

이 이야기는 내게 평생 잊지 못할 만큼 깊은 인상을 남겼다.

달리기는 신경을 혹사하는
현대인에게 적합한 운동이다 ················

　죽고 싶을 만큼 괴로운 심정을 달리기로 극복해낸 여성의 이야기는 사실 그리 특별하지 않다. 실제로 업무 등에서 받는 스트레스를 해소하기 위해 달리기를 한다고 이야기하는 사람이 많기 때문이다.

　현대는 컴퓨터와 인터넷 등이 발달한 정보화 사회로, 무슨 일이든 편리하게 처리할 수 있다. 하지만 그만큼 컴퓨터 화면을 들여다보는 시간이 길어진 것도 사실이다.

　컴퓨터 작업은 눈과 신경을 혹사시킨다. 그래서 하루 일을 마치고 나면 육체뿐만 아니라 신경도 피로해지기 마련이다.

　신경 피로가 심하면 숙면을 하지 못하게 된다. 그리고 그런 날들이 이어지다 보면 어느샌가 이러저러한 질환으로 발전할 수 있어 주의가 필요하다.

　술을 마시는 것이 이처럼 스트레스를 받아 흥분된 교감신경을 진정시키는 하나의 방법이 될 수 있다. 하지만 술을 자주 마시다 보면 또 다른 질병을 유발하니 그 또한 몸에 좋을 리가 없다.

그러므로 기분 좋게 땀을 흘릴 수 있는 달리기야말로 오늘날과 같은 정보화 사회에서 신경 피로를 해소하는 데에 가장 알맞은 운동이라 할 수 있다.

"달리는 동안에는 아무 생각도 들지 않아요 어느새 머리가 맑아져요" 또는 "달리다 보면 고민했던 일을 좀 더 긍정적으로 생각하게 돼요"라는 식으로 긍정적인 이야기를 하는 마라토너가 많다.

신경 피로가 심한 상태는 '머릿속에 어떤 일과 관련한 정보나 생각이 가득하다 못해 터질 것 같은 상태' 혹은 '어떤 고민을 해결하지 못하고 계속 끙끙 앓고 있는 상태'라고 할 수 있다.

그렇게 본다면 고민을 잊게 만드는 달리기는 단순히 건강을 유지하기 위한 운동이 아니라, 그 이상의 효과를 내는 운동이라고 해도 과언이 아니다.

심신이 잔뜩 지친 상태로 병원을 찾았다가 의사로부터 "일주일에 세 번, 30분 동안 달리기를 하세요"라며 약 대신 '달리기'를 처방받는 시대가 곧 올지도 모른다.

달리는 행위는
인간의 타고난 본능이다 ⸺⸺⸺⸺

인간은 어째서 달리는 걸까?

그 이유를 단순 명쾌하게 답하기는 어렵다. 개인의 가치관이나 상황, 타이밍에 따라 그 이유가 각기 다를 수 있기 때문이다.

하지만 이것만은 말할 수 있다. 즉 세상이 어떻게 변하든 인간이 지구상에 살고 있는 동물에 속하는 이상 달리는 행위는 생존에 필요한, 누구나 타고나는 본능이라고 말이다.

달리기를 하면 심장박동 수가 증가하고, 체내에 혈액이 빠르게 순환한다. 또 근육을 격렬히 움직이므로 많은 양의 산소가 필요해 호흡이 늘어나 폐와 횡격막을 최대한 활용하게 된다. 그러다 보면 몸 전체에서 땀이 흘러나온다. 이때 노폐물도 땀과 함께 배출되기 때문에 몸이 개운해진다.

달리기를 하면 신체가 활성화한다. 이렇게 활성화된 신체

는 오감이 매우 예민해져서 주변에 있는 자연을 더욱 깊이 느

낄 수 있다.

오감은 머리로 설명할 수 있는 게 아니라 몸 자체가 느끼는

것이다. 달리는 행위는 그야말로 본능인 것이다.

트레이닝이란
무엇인가? --

마라톤 트레이닝에 대해 이해하기에 앞서, 우선 트레이닝 자체에 대한 기초 지식을 짚고 넘어갔으면 한다.

애초에 트레이닝이란 무엇일까? 무엇이든 간에 기본을 알고 나면 대상의 본질이 어렴풋이 보이기 마련이다. 반대로 기본을 전혀 이해하지 못한 채 트레이닝을 시작했다가는 깊은 안개 속을 헤매는 사람처럼 언젠가 무언가의 벽에 부딪힐 수밖에 없다.

기본을 이해하면 전체 모습을 한눈에 파악할 수도 있다. 제삼자가 보기에는 무작정 달리는 운동처럼 보이는 마라톤을 좀 더 입체적으로 이해할 수 있게 되는 것이다.

잘 알다시피 영어 단어 '트레이닝(training)'의 어원은 '트레인(train)'이다. 트레이닝은 트레인의 명사형이자 현재진행형이다.

일반적으로 트레인이라는 단어를 들으면 곧바로 '기차'가 떠

오른다. 하지만 트레인이라는 단어를 사전에서 검색해보면 기차라는 뜻 외에도 '훈련하다', '양성하다', '교육하다', '연습하다' 같은 의미가 있다. 즉 트레인이라는 말에는 '훈련'이라는 의미가 강하게 담겨 있다.

트레인에서 파생한 단어로는 '트레이너(trainer, 훈련시키는 교관)'나 '트레이니(trainee, 훈련생·수습)' 등이 있는데, 이러한 표현도 모두 훈련이라는 의미를 포함한다.

그렇다면 어째서 트레인이 기차를 뜻하는 단어가 되었을까? 나는 이 질문에 대한 답이 바로 트레이닝의 본질을 표현하고 있다고 생각한다.

트레인이라는 말에는 훈련이라는 의미 외에도 '계속', '연결', '연속' 등 무언가가 이어져 있다는 뜻이 있다. 즉 '열차'는 '여러 대의 차량이 이어진 차'라는 의미에서 트레인이라는 명칭이 붙었을 것이다.

'트레인=이어진 것=훈련'이라는 도식을 생각했을 때, 우리가 트레이닝이라 부르는 훈련은 '지속적으로 무언가를 하는 것'을 뜻한다고 볼 수 있다.

이쯤 설명했으면 무슨 말을 하려는지 대충 감이 올 것이다.

바로 '어떤 운동이든 하루만 하고 그만두는 것은 단순한 경험일 뿐 결코 훈련이 될 수 없다'는 얘기이다.

트레이닝은 그 어원에서도 짐작할 수 있듯이 꾸준한 노력을 이어나가야만 성취할 수 있는 것이다.

누군가가 어떤 계기로 딱 하루 달리기를 했다고 치자. 달리기를 하고 나면 땀이 비 오듯 쏟아지고 숨이 가빠지며 근육통까지 생긴다. 그러니 달리고 나면 마치 트레이닝을 한 기분이 들 것이다. 하지만 유감스럽게도 고작 하루 달리기를 한 것만으로는 트레이닝을 했다고 말할 수 없다. 신체 변화나 성장 같은 효과는 운동을 일정 기간 동안 지속해야만 비로소 나타나는 법이다. 트레이닝의 어원이 바로 그러한 사실을 증명하고 있다.

트레이닝을 해야 하는
이유는 무엇인가? -----------------------------------

올림픽에 참가하는 선수들을 대상으로 "당신이 트레이닝을 하는 이유는 무엇인가요?"라고 묻는다면 누구나 망설이지 않고 바로 자신만의 대답을 할 것이다. 그들은 경기에서 이기기 위해 일반인은 상상도 못할 만큼 고된 트레이닝을 지속해왔을 것이다. 당연한 일이다.

그렇다면 선수들에게 "당신은 트레이닝을 좋아하나요, 싫어하나요?"라고 묻는다면 어떤 답변이 돌아올까?

아마 "힘들지만 그만큼 보람도 있어서 좋아요"라고 말하는 선수도 있고, "싫긴 하지만 경기에서 이기려면 어쩔 수 없지요. 매일 노력하는 수밖에"라고 말하는 선수도 있을 것이다.

즉 트레이닝은 호불호의 문제가 아니라, 목표를 달성하기 위해 반드시 필요하다. 올림픽 참가 선수들은 그 사실을 알기 때문에 매일 고된 트레이닝을 견딜 수 있는 것이다.

여기서 짚고 넘어갔으면 하는 점이 한 가지 있다.

올림픽에 참가하는 선수뿐만 아니라, 실력에 관계없이 모든 선수가 저마다의 이유로 트레이닝을 하는 데에는 특정 수준에 도달하고자 하는 뚜렷한 '목표'가 전제된다는 점이다.

예를 들어 올림픽에 참가하는 선수들은 현재의 체력과 테크닉만으로는 '금메달'이라는 개인의 목표를 달성하기에 부족하다는 것을 알기 때문에 트레이닝에 힘쓴다.

일류 선수들이 치열한 경쟁을 펼치는 세계에서는 특히나 더 그렇다. 적당히 노력해서는 결코 정상에 오를 수 없다.

하지만 그저 막연히 정해진 매뉴얼대로 트레이닝을 하다가는 자칫 자신이 원하는 목표와는 다른 방향으로 갈 수도 있다. 그런 선수는 아무리 열심히 트레이닝을 해도 결코 경쟁에서 이길 수 없다. 어딘가에 그보다 몇 배나 힘든 트레이닝을 소화해내는 선수가 있을지도 모르는 일이다. 스포츠 세계에서는 주변 선수들을 잘 살피지 않고서는 절대로 이길 수 없다.

어느 유명한 마라톤 코치가 이런 말을 한 적이 있다.

"당신이 세계 최고가 되고 싶다면 세계 최고의 트레이닝을 하면 된다."

맞는 말이다. 하지만 무엇이 세계 최고인지 상상할 수 없다면 세계 최고가 될 수 없다. 세계 최고의 트레이닝을 실행하기 전에 무엇이 세계 최고인지를 아는 정보 수집력과 상상력이 필요하다.

그렇다면 일반 시민 마라토너가 트레이닝을 해야 하는 이유는 무엇일까?

기본적으로는 올림픽에 참가하는 선수와 마찬가지로 자신이 목표로 하는 수준과 현재 자기 수준의 간극을 메우기 위해 지속적인 트레이닝을 통해 신체를 개선하는 것이 목적이다.

예를 들어 아직 풀코스 마라톤에 도전해본 적 없는 사람이 풀코스 마라톤을 완주하겠다는 목표를 정했다고 하자. 목표를 정한 시점에는 5km도 제대로 뛰지 못했다고 해도 트레이닝을 꾸준히 한다면 풀코스 마라톤을 완주할 체력을 기를 수 있다.

일반인이 하는 트레이닝은 올림픽 참가 선수의 트레이닝처럼 다른 선수와 주변을 살피는 상상력이 필요하지 않다. 자신이 해야 하는 트레이닝을 제대로 이해하고, 자신에게만 집중하면 된다. 반면 주위로부터 큰 기대를 받는 프로 선수와 달리 해결해야 할 과제도 있다. 바로 동기부여다.

일반인이 트레이닝을 할 때는 목표에 대한 강한 동기를 얼마만큼 유지할 수 있는가 하는 정신적인 면이 가장 중요하다.

알아두어야 할
트레이닝의 다섯 가지 기본 원칙 ----------

트레이닝에는 기본 원칙이라는 것이 있는데, 대표적인 다섯 가지 원칙을 소개해보고자 한다.

모든 트레이닝 메뉴는 이러한 기본 원칙을 바탕으로 구성되며, 그에 따라 실천하는 것이 상식이다. 운동생리학의 기본에 해당하므로 단순한 지식으로써가 아니라 자신의 몸이 어떠한 원칙에 따라 반응하는지를 생각하며 이런 원칙을 실천한다면 좀 더 흥미가 생길 것이다. 마라톤을 열심히 하고 있는 독자라면 꼭 이해하고 넘어갔으면 하는 항목이다.

하나, **의식성**_트레이닝에 집중한다

의식성이란 의식을 운동에 집중해야 실력이 더 빠르게 향상한다는 개념이다.

인간의 신체는 참으로 신기하다. 우리는 스스로 몸을 잘

통제하고 있다고 생각하지만, 그럴 때도 있고 아닐 때도 있다. 평소 몸이 제대로 통제되지 않을 때를 보면 머릿속에 무언가 다른 걱정거리들이 가득 차 있는 경우가 많다.

예를 들어 스트레칭을 할 때도 동작에 따라 움직이는 해당 근육에 집중하면 좀 더 유연한 움직임이 가능하다.

이처럼 우리 몸은 제대로 의식하지 않으면 원활하게 작동하지 않는다.

둘, 점진성_트레이닝을 지속하는 것

점진성이란 서서히 발전하는 성질을 말한다. 좀 더 알기 쉽게 말하자면 근력, 운동 기술, 지구력 모두 매일 조금씩밖에 발전하지 않는다는 뜻이다. 트레이닝을 한 번 할 때 아무리 과하게 해도 체력이 향상되는 정도에는 한계가 있다. 신체 변화는 서서히 나타나므로 트레이닝은 반드시 꾸준히 지속해야 한다는 가장 기본적인 개념이다.

그러므로 트레이닝은 결코 한 번에 몰아서 할 수가 없다.

셋, 반복성_여러 번 반복해야만 몸에 익는다

반복성이란 무엇이든 여러 번 반복해야만 몸에 익는 성질을 말한다. 영어 단어를 쓱 보고 바로 외워버리는 사람이 가끔 있기는 하다. 하지만 대부분의 사람은 여러 번 반복해서 외우는 훈련을 통해 새로운 단어를 습득한다.

눈 같은 일부 감각기관과 뇌만을 사용하는 기억도 그러한데, 근육과 신경뿐만 아니라 순환기까지 총동원해야 하는 마라톤은 얼마나 더 하겠는가. 여러 번 반복해야만 몸에 익숙해지고, 반복하다 보면 자연스럽게 몸에 배어 평생 잊어버리지 않는 운동 기술도 있다.

그런 면에서 흔히 얘기하는 "몸으로 기억하라!"라는 말은 진리이다.

넷, 전면성_모든 운동을 의식한 전체적인 훈련을 잊지 말자

전면성이란 어떤 운동을 할 때 개별적인 동작만이 아니라 전체적인 훈련을 해야만 해당 운동이 몸에 익는 성질을 말한다. 예를 들어 달리기는 팔 휘두르기와 다리 움직이기, 착지 등 여러 근육의 동작이 결합된 운동이다. 하지만 달리기를 할 때 팔다리의 움직임을 일일이 신경 쓰다 보면 도리어 동작이 어색해져서 제대로 달릴 수 없을 것이다. 물론 각 동작의 개별적인 훈련도 필요하지만, 결과적으로는 모든 동작을 종합한 전체적인 훈련이 꼭 필요하다. 그러므로 머릿속으로 그 운동의 이미지를 떠올리는 전면성을 잊어서는 안 된다.

다섯, 개별성_개개인에 맞게 트레이닝 메뉴에 변화를 준다

개별성이란 인간은 저마다 다른 성격과 생각을 지녔으므로 각자의 개성에 맞게 트레이닝해야 한다는 뜻이다.

십인십색이라는 말이 있듯 똑같은 트레이닝 메뉴도 이를 실천하는 사람의 적성이나 특성에 맞추어 조금씩 달리할 필요가 있다.

이 책을 읽는 독자 중에는 따로 트레이닝 코치를 두지 않고 달리는 사람이 많을 것이다. 그럴 경우에는 셀프 코칭을 하게 되는데, 이때는 자신의 개성이나 특징을 스스로 잘 파악해야만 한다. 하지만 의외로 그러기가 쉽지 않다. 자신의 개성과 특징을 판단하기 위해서는 폭넓은 지식과 객관성이 필요하기 때문이다.

그럴 때는 마라톤을 함께 하는 다른 동료에게 달리기 자세에 대해 조언을 받아보는 것도 좋은 방법이 될 수 있다. 또 남들이 달리는 모습을 관찰하며 이를 타산지석 삼아 자신에게 적용하는 것도 도움이 된다.

트레이닝은
동물에게는 없는 개념이다 -------------------

관점을 조금 달리해 생각해보자.

야생동물에게는 트레이닝이라는 개념이 존재할까? 인간도
동물의 일종이므로 인간보다 운동 능력이 더 뛰어난 동물에
게서 많은 걸 배울 수 있을 것이다.

야생동물이 하는 트레이닝으로는 무엇이 있을까? 텔레비전
에서 야생동물이 새끼에게 먹이 사냥 훈련을 시키는 장면을
본 적이 있을 것이다. 그것은 먹이를 잡는 방법, 즉 생존을 위
한 기술적인 경험이자 연습이다. 하지만 경주마가 훈련할 때
를 제외하고 그 어떤 야생동물도 트레이닝을 목적으로 달리
는 것을 아직 본 적이 없다.

나는 야생동물에게는 체력 훈련이라는 것이 존재하지 않는
다고 본다. 야생동물이 체력을 100% 사용하는 경우는 오직
생존을 위해 먹이를 잡을 때밖에 없다. 그러한 상황이 닥치면

야생동물은 자신이 지닌 힘을 100% 발휘해 필사적으로 대응한다. 그리고 그 밖의 시간에는 불필요하게 힘을 쓰지 않고 최대한 휴식을 취한다. 그런 의미에서 야생동물이 운동에 소비하는 힘은 0% 혹은 100%, 이 두 가지 경우밖에 없을 것이다. 당연히 0%는 휴식을 취하거나 죽음을 맞이한 경우에 해당하며, 100%는 생존을 위해 먹이를 잡는 경우일 것이다.

다행히도 사회를 형성하며 사는 인간은 체력 면에서 0%가 아니면 100%라는 식의 극단적 선택을 하지 않고도 생활할 수 있다. 인간은 0%와 100%의 중간쯤을 오가며 트레이닝을 즐길 수 있는 행복한 동물이다.

트레이닝 방법은
다양하다 ---

트레이닝 방법에 대해 설명하는 책은 아주 많이 나와 있다. 스포츠나 건강 분야의 저명한 지도자나 코치들은 스스로 고안해낸 방법론, 즉 트레이닝 이론을 자신이 지도한 선수뿐만 아니라 일반인도 활용할 수 있도록 전파하고 있다.

그러한 트레이닝 방법에는 새로운 발견이나 관점, 혹은 개념을 이루는 주축이 있다. 반대로 그러한 것이 없는 책은 그다지 신뢰할 수 없다고 보면 된다.

또 시대에 따라서는 트렌드의 주도권을 쥔 코치의 트레이닝 방법이 왕도가 되고, 이를 모방한 방법이 유행하기도 한다.

이처럼 트레이닝에는 다양한 방법론이 존재하므로 무엇이 옳다고 단정하기 힘들다. 어떤 방법을 선택하든 기본 원칙이 확실하고 내용이 탄탄하기만 하면 문제없다.

중요한 것은 '누군가의 트레이닝'을 그대로 따라 하는 것이 아니라, 그 트레이닝 방법의 밑바탕에 깔린 개념을 이해하고 이를 바탕으로 자신에게 잘 응용하는 것이다.

이는 비단 스포츠뿐만 아니라 어느 분야에서나 공통적으로 적용되는 방법이라 생각한다.

파괴와 재구축을 반복하며
조금씩 강해진다 -----------------------------------

"트레이닝은 파괴와 재구축의 반복이다."

나는 이 말을 현장에서 자주 사용한다.

여기서 이야기하는 파괴란 예를 들면 근육통 같은 것이다. 강도가 높은 트레이닝을 하면 근섬유가 파괴된다. 이때 느끼는 통증이 바로 근육통이다. 근육통이 생길 정도로 강도가 높은 운동을 하고 나서 잠시 휴식을 취하면, 회복되면서 근육의 강도가 예전보다 더 강해진다. 그리고 예전과 동일한 압박을 주어도 근육통이 생기지 않는다.

이러한 파괴와 재구축 과정을 반복하다 보면 신체가 조금씩 강해져 어느 순간 이미 몸이 예전과 크게 달라져 있음을 깨닫게 된다.

굳이 여기서 파괴와 재구축에 대한 이야기를 꺼내는 이유는 트레이닝이 지닌 '파괴'의 측면만을 보는 사람이 많기 때문이다. 그런 사람은 열심히 뛰어 훈련 강도를 높일수록 실력이 향상된다고 생각해 쉬지도 않고 무작정 달리기만 한다.

물론 이러한 방법으로도 일정 수준까지는 효과를 볼 수 있을지 모른다. 하지만 체력의 한계를 넘어서는 순간 신체가 트레이닝에 대한 재구축을 더 이상 포기하고 만다. 몸이 스스로 거부반응을 일으키는 것이다.

파괴는 재구축이라는 공정이 있어야만 의미가 있다. 또한 파괴와 재구축을 꾸준히 반복하는 데 의의가 있다. 무작정 자신의 몸을 괴롭히기만 하는 것은 결코 올바른 트레이닝이라 할 수 없다.

반대로 반드시 휴식이 필요한 것은 사실이지만, 무작정 쉬기만 해서도 체력이 강화되지는 않는다. 사람은 몸이 편해지는 것을 좋아하지만, 일단 머리로 이해하고 나면 무슨 일이든 열심히 하려는 본능 또한 갖고 있다.

파괴와 재구축, 트레이닝과 휴식의 균형을 적절하게 유지하는 것은 좀처럼 쉬운 일이 아니다.

목표 달성을 위한
준비와 노력 -------------------------------

  달리기라는 스포츠를 즐기는 데에는 여러 가지 방법이 있다. 건강관리를 위해 산책을 하듯 집 주변을 가볍게 달리는 사람도 있을 테고, 마치 프로 선수처럼 목표로 하는 대회에서 좋은 성적을 거두기 위해 노력하는 사람도 있을 것이다.

  이 책을 읽고 마라톤에 도전하는 사람들도 저마다 다른 목표를 가지고 있을 것이다. 저마다의 목표를 모아 하나로 표현한다면 '마라톤 대회에 참가해 자신이 정한 기록 내에 완주하는 것' 정도가 되지 않을까.

  사실 집 근처를 가볍게 달리는 정도로 만족하는 사람에게는 트레이닝이라는 개념이 딱히 필요치 않다. 하지만 수준에 상관없이 어떤 대회나 경기에 참가할 마음이 있는 사람에게는 '완주하고 싶다', '이 정도 기록은 내고 싶다'는 식의 구체적 목표가 있을 것이다. 그런 사람도 5km나 10km, 또는 30km

정도의 거리는 트레이닝을 열심히 하지 않더라도 어느 정도 체력만 있으면 뛸 수 있다. 하지만 그 이상, 특히 풀코스 같은 장거리를 일정 수준 이상의 속도를 유지하면서 끝까지 달리려면 페이스 배분이 중요하다. 타고난 체력만으로는 42.195km를 자신이 목표로 하는 시간 내에 주파할 수 없다.

그렇기에 풀코스 마라톤에서 자신이 원하는 기록을 내려면 그만큼의 준비와 노력이 필요하다. 즉 탄탄한 이론을 바탕으로 한 트레이닝이 필요한 것이다. 애초에 풀코스 마라톤을 완주할 만한 체력이 없는 사람은 '체력을 키우는 것'이 트레이닝에서 해결해야 할 가장 큰 과제일 것이다. 서브 스리가 목표라면 그 페이스를 유지할 만한 주력(走力)을 키우는 걸 목적으로 삼아야 한다.

트레이닝에 들어가기에 앞서 먼저 자신의 현재 상태를 제대로 파악하고, 자신의 능력보다 조금 높은 단계의 구체적 목표를 설정하는 것이 중요하다. 왜냐하면 목표에 대한 강력한 동기를 유지할 수 있는 정신력이 트레이닝에 임하는 가장 큰 핵심이기 때문이다.

　트레이닝을 하는 준비 기간까지 경기에 포함된다고 생각하면 마라톤이라는 스포츠를 좀 더 깊이 이해할 수 있고, 더욱 잘 즐길 수 있다.

경기 당일에 최상의 컨디션을
만드는 트레이닝 -------------------------------

다음 장부터는 구체적인 트레이닝 메뉴에 대해 설명할 계획
이다. 내가 구성한 트레이닝 메뉴는 전부 '피킹(peaking)'이라
는 개념을 기본으로 하고 있다.

피킹이란 경기 당일에 최상의 컨디션을 최대한 발휘하도록
트레이닝 메뉴를 조정하는 것을 말한다. 그러기 위해서는 무
작정 고된 훈련을 이어나가서는 결코 안 된다. 트레이닝 강도
에 변화를 주어 경기 당일에 컨디션이 최상의 상태가 되도록
만들어나가야 한다.

마라톤 트레이닝에서 선수들이 흔히 저지르는 실수를 한번
살펴보자.

대회 참가 여부가 결정되면 선수들은 처음엔 잔뜩 의욕에
부풀어 열심히 연습을 시작한다. 하지만 무리한 연습으로 이

내 무릎에 통증이 생겨 훈련을 한동안 쉬게 된다. 하지만 대회가 가까워지면 조급해져서 부상이 회복되기도 전에 다시 뛰기 시작한다. 그리고 경기 당일, 무릎 통증은 여전하지만 하는 수 없이 테이핑 등으로 응급처치를 하고 경기에 나가 뛴다. 어찌 보면 인간적인 모습이라 할 수 있지만, 이런 실수를 저지르는 사람이 꽤나 많다.

원래대로라면 경기 당일부터 날짜를 거꾸로 계산해서 차근차근 준비를 해나가야 한다.

'경기 당일에 최상의 컨디션을 발휘할 것'을 생각하면 경기를 앞두고 2주 동안은 컨디션 조절에 힘써야 한다. 따라서 그전 3주 동안은 경기를 앞두고 전력을 다하는 '실전 연습 기간'이 필요하다.

그리고 실전 연습 기간 전 3주 동안은 실전 연습을 소화해낼 만한 몸을 만들어야 하고, 그 연습 기간 전 3주 동안은 그런 몸을 만들기 위한 기초 체력을 다지는 기간으로 삼아야한다. 이런 식으로 경기 당일을 기준으로 해서 '기간을 나누어' 생각하는 것이 중요하다.

또 이러한 3주 동안의 연습 기간 사이에는 반드시 1주의 '회복 기간'을 넣어야 한다. 앞서 파괴와 재구축(62~63페이지 참조)에 대해 이야기한 것처럼 휴식 또한 트레이닝의 일환이 다. 즉 3주 동안 훈련하고 1주 동안 휴식을 취하는 4주간의 과정이 하나의 연습 주기가 되는 것이다.

이러한 개념에 대해서는 나중에 좀 더 자세히 설명하기로 하자.

참고로 트레이닝 자체에는 강도가 높은 운동과 낮은 운동 이 있는데, 이들의 조합 또한 중요하다. 트레이닝 과정에서 이 와 같은 완급 조절은 매우 중요한 포인트가 된다.

대다수의 일류 선수는 다양한 트레이닝을 실천하고 있다. 또 실업팀이나 대학 육상부 등에서는 이러한 개념을 매뉴얼화 해놓은 경우도 많다.

나 같은 경우에는 대학교 3학년 때부터 실업팀에 들어가기 전까지 대학교 1, 2학년 당시 훈련한 내용을 바탕으로 트레이닝 메뉴를 스스로 고안해 혼자 실행했다. 게다가 실업팀 시절에는 우리 팀에 남자 선수가 나 혼자였기 때문에 다른 실업팀 훈련에 참가해서 가르침을 받거나, 논의한 내용을 내 개인 훈련 메뉴에 응용해보면서 여러 시행착오를 거치기도 했다.

현역에서 은퇴한 뒤에는 시드니 올림픽 금메달리스트인 다카하시 나오코(高橋尚子) 선수를 키워낸 고이데 요시오(小出義雄) 감독과 함께 여러 선수를 훈련시키고 지도하면서 내 나름대로 개발한 트레이닝 메뉴를 실천하면서 그 효과를 실험하고 검증해왔다.

이러한 피킹의 중심 트레이닝 개념은 시민 마라토너들도 당연히 응용할 수 있다. 단, 사람마다 체력 수준이나 컨디션, 달리기 기술 등이 차이 날 수밖에 없다. 그러므로 나중에 소개할 트레이닝 메뉴를 정해진 규칙처럼 그대로 받아들이지 말고, 그 구조와 의미를 이해하길 바란다.

최종 목표를 염두에 두고 '지금 이러한 트레이닝 메뉴를 소화해야 하는 이유가 무엇인지' 자신이 하는 훈련의 목적을 잘 생각해보자.

그런 식으로 자신만의 트레이닝 메뉴를 만들 수 있게 되면 마라톤의 진정한 즐거움을 깨달을 수 있을 것이다. 그리고 무엇보다도 여러분이 원하는 목표를 달성할 가능성이 훨씬 높아질 것이다.

2;

트레이닝
기초 지식

김철언의

마라톤 100일

트레이닝

트레이닝 종류가
다양한 이유

마라톤의 기본 트레이닝에는 다양한 종류가 있다. 이들은 각기 다른 목적을 지닌다. 이렇게 다양한 종류의 운동을 조합하는 이유는 장점을 키우고 단점을 보완하기 위해서이다.

예를 들어 '속도를 좀 더 높이고 싶은 사람'과 '체력이 부족하다고 느끼는 사람'은 해결해야 하는 과제도, 접근 방식도 달라야 한다. 자신의 목적에 맞게 트레이닝 종류를 적절하게 조합해나가야 한다.

이때 주의해야 할 점이 있다. 트레이닝할 때 대부분의 선수가 자신이 잘하는 분야의 능력을 키우는 데 집중하는 경향이 있다는 것이다. 빠른 속도가 장기인 선수는 자신도 모르게 속도를 높이는 훈련에 치중하기 쉽다. 반대로 체력에 자신 있는 선수는 속도를 높이는 훈련을 게을리하기 쉽다. 자신이 잘하는 부분은 단기간에 실력을 키우기 용이하다. 반대로 자신에게 부족한 부분을 보완하는 데에는 시간이 걸리기 마련이다.
그래서 처음에는 단점을 보완하는 연습에 좀 더 시간을 할애
하는 것이 좋다.

초보자는 장시간 달려본 경험이 적다. 그런 초보자가 풀코
스 마라톤을 완주할 수 있는 체력을 키우려면 당연히 기초 체
력을 기르는 훈련이 중심이 될 수밖에 없다.

또 서브 스리를 노리는 상급자도 마라톤은 사실 그리 빠른
속도를 필요로 하는 스포츠가 아니라는 점을 이해해야 한다.
1km를 3분 30초에 달리는 것보다 4분 15초에 달리더라도 얼
마나 수월하게 달성하는지가 더 중요하다. 따라서 속도보다
체력을 향상시키는 데 도움이 되는 훈련을 중점적으로 하는
것이 좋다.

그 밖에 부상이나 컨디션 등 개인의 몸 상태에 맞추어 트
레이닝에 변화를 주는 것도 중요하다. 또 트레이닝에 할애할
수 있는 시간도 사람마다 다를 것이다. 게다가 장기간에 걸쳐
트레이닝을 하다 보면 지루해질 수도 있다는 점 또한 고려해

야 한다. 그런 경우에는 트레이닝 메뉴에 변화를 주거나, 양
과 강도를 조절하고 장소를 바꿔보는 식으로 자신에게 알맞
은 방법을 찾기 위한 고민이 필요하다.

워킹 WALKING
달리기 전에 충분히 걷는다

'걷는' 트레이닝, 즉 워킹은 특히 초보자가 연습 초기 단계에서 체간(사람의 몸통 부분)과 다리의 힘을 길러 유산소운동 능력을 향상시키는 것이 주요 목적이다. 워킹은 단순한 산책이 아니라는 것을 기억해야 한다. 평소 속도보다 좀 더 빠르게 '성큼성큼' 걷는다고 생각하자. 또 도중에 쉬지 않고 길게 이어 걷는 것이 중요하다. 똑같은 40분이라도 20분을 걸어서 슈퍼마켓에 갔다가 물건을 사고 다시 20분을 걸어서 집에 오는 것보다는 40분을 쉬지 않고 걷는 것이 더 효과적이다.

워킹과 러닝은 사용하는 근육이 다소 차이가 있기는 하지만, 공통된 요소가 많으므로 구분 지어 생각하지 않아도 된다. 워킹 자세는 러닝 자세의 기본이 되므로 걸을 때도 자세에 신경을 쓴다. 달릴 때와 마찬가지로 견갑골을 의식해 팔을 충분히 휘두르면서 걷도록 하자. 또한 등을 곧게 펴고 체간을 의식하며 걷는다.

워킹의 주요 목적은 연습 초기 단계에서 초보자의 체력을 강화하는 것이지만, 러닝보다 부담이 적고 착지할 때 받는 충격도 적다. 그러므로 러닝을 하다가 다리에 불편함이 느껴진다면 평소 러닝을 하는 시간보다 두 배의 시간을 들여 워킹을 하면 근력을 유지할 수 있다. 또 러닝은 양발이 동시에 지면에서 떨어지는 시간이 있기 때문에 아무래도 균형이 무너지기 쉽다. 따라서 신체 균형을 체크하거나 바로잡을 때는 러닝보다 워킹이 효과적이다.

모든 선수에게 필요한 기본 중의 기본이다

'천천히 뛰는' 트레이닝이다. 마라톤의 가장 기본적인 연습 방법으로, 가장 자주 하는 트레이닝이기도 하다.

대화를 나누면서 달릴 수 있는 정도가 가장 적당한 속도이다. 초보자라면 30분~1시간, 중·상급자라면 2~3시간 정도를 편하게 뛸 수 있을 만큼의 속도로 달리자. 즉 사람마다 적당한 속도가 다르다는 뜻이다.

풀코스 마라톤 완주를 목표로 하는 초보자라면 1km당 7~8분 정도의 페이스를 유지하자. 중급자는 6분~6분 30초, 상급자는 5분~5분 30초 정도를 기준으로 삼자. 초보자에게는 이러한 페이스가 실제 경기에서의 페이스가 된다. 조깅은 강도가 약한 트레이닝이지만, 달릴 때 필요한 기본 근력을 키워서 유산소운동 능력을 향상시키는 효과가 있다.

자주 하는 트레이닝인 만큼 신체 각인 효과가 높으며, 트레이닝이 진행되면서 점점 더 속도를 달리해서 뛸 때 미치는 영향이 크다. 조깅할 때 좋지 않은 자세로 달리면 나쁜 습관으로 굳어지기 쉬우므로 주의하자. 이런 나쁜 습관이 있으면 달리는 속도를 높였을 때 무릎이나 발목에 통증이 발생할 가능성이 높다. 조깅을 할 때는 허리가 구부정해지지 않도록 의식적으로 올바른 자세를 취하고, 일정한 속도를 유지하면서 뛰자.

조깅은 체력 강화 외에도 피로 해소에 도움이 되는 적극적인 휴식 효과가 있어 컨디션 조절을 위한 일상적인 트레이닝으로 하기에 좋다. 단, 아무 생각 없이 달리는 게 아니라 조깅을 하는 목적이 무엇인지, 올바른 자세인지 의식하면서 뛰는 것이 더 효과적이다.

오랫동안 천천히 장거리를 달린다

롱 슬로 디스턴스는 LSD라고도 한다. 영어 'Long Slow Distance'의 머리글자를 딴 약어로, 오랜 시간 동안 천천히 장거리를 달리는 트레이닝을 말한다. 천천히 달린다는 의미에서는 조깅과 비슷하지만, 오랜 시간 장거리를 뛰지 않는 트레이닝은 롱 슬로 디스턴스라고 할 수 없다. 장거리를 달리는 만큼 조깅보다 더 천천히 뛴다.

지방을 연소시키기 쉬운 몸을 만드는 것도 롱 슬로 디스턴스의 목적 가운데 하나이다. 오랜 시간 동안 작은 압박을 지속적으로 주어서 모세혈관의 발달을 촉진하고, 심폐기능을 향상시켜 결과적으로 유산소운동 능력을 높이는 것이다.

초보자는 1km를 7~8분 정도, 조깅과 거의 비슷한 페이스로 달린다. 중급자는 6분 30초~7분, 상급자는 5분 30초~6

분으로, 조깅보다 조금 느린 속도가 적당하다.

주의해야 할 점은 쉬지 않고 장거리를 달려야 한다는 것이다. 가급적 멈추지 말고 끝까지 한 번에 달리도록 하자.

천천히 긴 거리를 달리다 보면 기분이 상쾌해지면서 한없이 뛸 수 있을 것만 같은 '러닝 하이(running high, 30분 이상 달렸을 때 몸이 가벼워지고 머리가 맑아지는 듯한 느낌이 드는 것으로 러너스 하이runners high라고도 한다−역주)' 상태에 빠질 때가 있다.

하지만 아무리 몸이 가볍게 느껴지고 기분이 상쾌해져도 페이스를 올려서는 안 된다. 마라톤은 인내심을 요구하는 스포츠이다. 멈추지 않고 천천히 달리는 것에 집중하자.

이 트레이닝의 목적은 기분 좋게 달리는 게 아니라, 오랫동안 천천히 달림으로써 유산소운동 능력을 향상시키는 것이다. 그 점을 반드시 기억하자.

페이스 관리 감각을 키운다

'페이스주'는 자신이 목표로 하는 마라톤 완주 기록을 바탕으로 계산한 평균 페이스에 맞추어 달리는 트레이닝을 말한다. 다른 트레이닝보다 훨씬 실전에 가까운 훈련이다.

예를 들어 누군가가 풀코스 마라톤을 4시간 이내에 완주하는 것을 목표로 삼는다면 그 사람은 실제 경기에서 1km당 평균 5분 40초의 페이스를 유지해야 한다. 이런 사람에게는 '5km 페이스주', 즉 1km당 5분 40초의 페이스로 5km 달리는 트레이닝이 필요하다.

또 '지속주'는 페이스주보다는 느리고 조깅보다는 빠른 페이스로 달리는 것이라고 보면 된다. 중급자라면 1km를 5분 30초~6분 정도에, 상급자라면 4분 30초~4분 45초 정도에 달리는 것이 적당하다.

마라톤은 궁극적으로는 페이스를 관리하는 스포츠이다. 달리는 동안 속도 변화가 크면 불필요한 동작이 많아져 점점 체력이 떨어진다. 따라서 평균 속도, 즉 이븐 페이스(even pace, 고른 속도)를 유지하는 것이 이상적이다. 그러기 위해서라도 페이스 감각을 익히고, 일정한 페이스를 유지하면서 달리는 연습을 하는 것이 마라토너에게는 꼭 필요하다.

이러한 연습이 너무 힘들게 느껴진다면 설정한 페이스가 자신에게 너무 빠르다는 뜻이다. 힘든 페이스로 무리하게 달리는 것보다는 자신에게 알맞은 페이스를 찾고, 이를 제대로 파악하는 것이 중요하다. 그러기 위해서라도 자신의 주행 페이스가 어느 정도인지 GPS 시계 등을 이용해 계측해둘 필요가 있다.

바람을 타고 속도와 자극을 높인다

짧은 거리를 기분 좋은 속도로 반복해서 달리는 윈드 스프린트. 바람을 탄다는 느낌으로 질주하기 때문에 이런 이름이 붙었다.

100~150m의 거리를 조금씩 속도를 높이면서 전력 질주의 60~70% 정도 속도로 달려 나간다. 속도를 높이면서 50m를 뛰고, 나머지 100m는 그 속도를 유지한 채 달리는 식으로 150m 달리기를 3~10회 정도 반복하는 것이 이상적이다.

어디까지나 마라톤이라는 유산소운동을 위한 훈련의 일환이지만, 이는 무산소운동에 좀 더 가깝다. 속도 감각을 기르는 것이 목적으로, 실력 향상에 꼭 필요한 훈련이다. 조깅이나 롱 슬로 디스턴스 연습만 계속하면 아무래도 큰 동작이 없어서 움직임이 작아지기 쉽다. 그럴 때 윈드 스프린트를 연습

해서 좀 더 큰 동작을 익히면 도움이 된다.

단, 윈드 스프린트 연습이 메인이 되어서는 안 된다. 윈드 스프린트는 트레이닝 과정에서 양념 같은 존재이다. 조깅이나 지속주를 실행할 때 추가하면 신선한 자극이 될 수 있다.

예를 들어 다음 날 강도 높은 트레이닝을 할 예정이라면 조깅만 하고 끝내지 말고, 마지막에 윈드 스프린트를 5회 정도 추가해 심장박동 수를 늘린다. 이렇게 함으로써 자신의 몸에 '내일 좀 힘든 트레이닝을 할 거야'라는 신호를 보내는 것이다. 이처럼 윈드 스프린트는 힘든 훈련을 하기 전날이나, 훈련을 한 다음 날 또는 훈련 당일에 하더라도 항상 다른 트레이닝 메뉴와 함께 세트로 실천해야 한다.

속도를 서서히 높이면서 달린다

달리는 속도를 서서히 높여가는 트레이닝. 실제 경기에서의 레이스 페이스보다 느린 속도로 달리기 시작해 점차 속도를 높여서 최종적으로는 레이스 페이스보다 조금 빠른 정도까지 속도를 높이는 것이 이상적이다.

레이스 페이스가 1km당 4분 15초인 상급자의 경우, 1km 당 5분 정도의 속도로 달리기 시작해 마지막에는 1km당 3분 50초~4분 정도의 페이스까지 끌어올릴 수 있으면 효과적인 연습이 된다. 처음에는 여유를 갖고 편하게 뛰다 서서히 속도를 올리면 심폐기능이 향상되고 속도 감각도 길러진다. 게다가 뛰는 거리도 짧지 않아 좀 더 복합적이고 실전적인 훈련을 할 수 있어 연습을 마치고 나면 만족감도 높아진다. 경기보다 상대적으로 짧은 거리를 뛰면서도 레이스 페이스에 맞추어 달리는 경험을 얻을 수 있으므로 경기가 가까워질 무렵 트레이닝 메뉴에 추가하면 효과적이다.

주의해야 할 점은 마지막까지 속도를 최대한 끌어올려 달리는 것이다. 마지막에는 레이스 페이스보다도 조금 더 빠른 정도까지 속도를 높이자. 속도를 서서히 높이기 때문에 레이스 페이스보다 빨라져도 자세가 흐트러지지 않게 의식적으로 조절할 수 있다. 속도를 높여도 올바른 자세로 뛸 수 있고, 레이스 페이스로 달리면서도 편하게 뛸 수 있다.

단, 이 훈련은 상급자에게 적합하며 모든 사람이 반드시 해야 하는 것은 아니다. 특히 조깅 속도와 레이스 페이스에 큰 차이가 없는 초보자는 굳이 이렇게 속도의 변화에 대응하는 연습을 할 필요는 없다.

언덕을 질주하며 체력을 강화한다

장거리나 마라톤을 뛰는 일류 선수들은 뒤에 설명할 '인터 벌주'(94페이지 참조) 같은 트레이닝을 한다. 이 훈련은 육상경기장의 400m 트랙에서 하는 것이 이상적이며, 시간을 측정해줄 코치나 파트너가 필요하기 때문에 시민 마라토너가 따라하기는 어렵다.

인터벌주를 대신해서 추천하는 연습이 바로 '언덕 질주' 트레이닝이다. 100~200m 정도의 완만한 언덕을 윈드 스프린트를 하듯이 전력 질주해서 올라간 다음, 조깅을 하며 천천히 내려오는 훈련이다. 속도는 단거리를 전력 질주하는 속도의 70% 정도가 적당하다. 뒤의 트레이닝 메뉴에 나온 목표 횟수를 제대로 소화할 수 있을 정도의 속도로 실시한다.

이 트레이닝은 빠른 속도로 언덕을 올라감으로써 정확하

고 큰 동작을 익히는 동시에 근력 트레이닝 효과도 기대할 수 있다. 또 심폐기능에도 높은 압박을 주어 유산소운동 능력의 향상에도 효과적이다. 회전수가 많은 피치 주법(보폭을 좁게 하고 발을 빠르게 움직여 뛰는 방법-역주)이 아니라 보폭을 넓게 해서 달리는 스트라이드 주법으로, 가급적 동작을 크게 하는 것을 잊지 말자. 속도와 체력, 힘을 짧은 시간에 효율적으로 기를 수 있으므로 운동할 시간이 부족한 직장인에게 추천할 만한 방법이다.

여러분이 사는 동네 곳곳을 찾아보면 훈련에 적합한 언덕이 틀림없이 있을 것이다. 이런 곳을 찾아서 적극적으로 트레이닝에 활용해보자.

자연 지형을 달리며 능력을 높인다

크로스컨트리는 원래 들판이나 초원, 숲이나 덤불, 산이나 언덕 같은 자연 지형을 활용하는 트레이닝이다. 마라톤에서 케냐나 에티오피아 출신 선수들이 큰 활약을 펼치는 이유도 그들이 크로스컨트리 훈련을 중점적으로 하기 때문이다. 크로스컨트리는 심폐기능과 근력을 강화할 뿐만 아니라, 달리기 기술까지 자연스럽게 몸에 배게 한다.

경사면을 올라갈 때는 페이스를 높이지 않아도 심폐기능에 큰 압박이 가해진다. 따라서 오르막길과 내리막길을 적절히 반복해서 달리기만 해도 심폐기능은 효율적으로 향상된다. 또 중력을 거슬러 언덕을 오르기 때문에 평탄한 길보다 더 많은 근력을 필요로 하고, 내리막길에서도 착지할 때 받는 충격이 더 크기 때문에 근력을 향상시키는 효과가 있다. 이는 언덕 질주 트레이닝과 효과가 같다. 또 다양한 자연 지형을 달리다 보면 발이 걸려서 균형이 무너지기 쉽기 때문에 자연적으로 균형을 회복하면서 달리는 기술을 익힐 수도 있다.

자연 지형으로 둘러싸인 곳을 일부러 찾아가는 게 쉽지는 않지만, 오르막길과 내리막길이 이어진 코스가 있는 공원을 달리는 것만으로도 충분히 높은 효과를 얻을 수 있다. 기왕이면 포장되지 않은 코스를 뛰는 것이 좋지만, 오르막길과 내리막길이 어느 정도 연속되어 있다면 포장된 코스여도 상관없다.

이처럼 크로스컨트리에 적절한 코스를 발견했다면 지속주를 한다는 느낌으로 달려보자. 오르막길과 내리막길에서 모두 일정한 페이스를 유지하며 쉬지 않고 달리는 것이 중요하다.

이 책에서 내가 제안하는 트레이닝 메뉴에는 지금 설명하는 '인터벌주'가 포함되지 않는다. 하지만 인터벌주는 일류 마라토너들 사이에서는 매우 일반적인 훈련 방법이므로 간단히 짚고 넘어가자.

인터벌은 '간격'이라는 의미로, 인터벌주 트레이닝은 시간적 간격을 두고 뛰는 것에 주안점을 둔 훈련 방식이다. 주로 트랙 등에서 일정 거리를 달린 다음, 정해진 시간 동안 휴식을 취한 후 다시 같은 거리를 달리는 것을 반복하는 훈련이다. 심장박동 수가 가급적 떨어지지 않도록 휴식 시간을 적절히 조절하면서 반복적으로 훈련함으로써 심폐기능과 속도를 향상시키는 매우 어려운 트레이닝 메뉴 가운데 하나이다.

예를 들어 200m를 40초에 뛴 다음, 40초 동안 휴식을 취하고 나서 다시 200m를 달리는 식이다. 이를 20세트 반복한다. 뛰는 거리를 400m나 1,000m로 늘리고, 휴식 시간을 좀 더 늘리는 방법도 있다. 단, 강도를 높여서 빠르게 달려도 중간에 쉬는 시간이 너무 길어지면 결국 200m나 400m를 달리는 훈련이 되어버리므로 주의해야 한다.

트랙 등 100m 단위로 거리를 파악할 수 있는 장소에서 하는 것이 가장 좋지만, 시민 마라토너는 그런 장소를 찾기가 어렵다. 또 혼자 연습하기 어려울 뿐만 아니라 단거리를 빠른 속도로 달려야 하므로 마라톤을 할 때와는 달리 자세가 흐트러지는 경우도 많다. 시민 마라토너에게는 아무래도 위험 부담이 큰 트레이닝 방식이라 추천하지 않는다.

휴식 REST

충분한 휴식도 중요한 트레이닝이다

달리기에 푹 빠져 있는 시민 마라토너 중에는 "하루도 쉬지 않고 매일 달리고 있습니다"라고 말하는 사람이 많다. 그렇게 매일 달리는 것은 좋은 습관이라 할 수 있지만, 트레이닝의 관점에서는 무조건 좋다고 할 수 없다.

트레이닝은 자극을 받고 회복하는 과정을 반복하면서 체력이 높아지는 효과가 있다. 매일 달리기를 하는 사람들 중에는 휴식을 마치 '해야 할 일을 빼먹는 것'처럼 생각하는 사람이 있는데, 휴식은 몸을 회복시키는 중요한 과정이기도 하다. 뒤에 설명할 트레이닝 메뉴에서도 '휴식'이라고 적힌 부분이 종종 등장한다. 몸을 충분히 쉬게 하는 것도 트레이닝에 포함된다는 사실을 기억하기 바란다.

또 휴식에는 적극적 휴식과 완전한 휴식이 있다. 적극적 휴

96

김철언의 마라톤
100일 트레이닝

식은 고된 훈련을 한 다음 날이나 시간이 날 때 스트레칭을 하거나, 가볍게 뛰면서 몸을 움직여 근육을 풀어주는 식으로 피로를 푸는 것을 말한다. 반면 다리에 통증이 느껴지거나 감기에 걸려 몸살이 났거나 피로가 심해서 식사를 제대로 할 수 없을 정도로 힘들 때는 완전한 휴식을 취하는 것이 좋다. 몸을 좀 더 빨리 원래의 상태로 되돌리기 위해서는 몸을 충분히 쉬게 할 필요가 있다.

트레이닝 메뉴에 '휴식 또는 가벼운 조깅'이라고 적힌 날은 적극적 휴식을 취하는 날이다. 시간이 날 때 30~60분 정도 가볍게 조깅하면서 전날 훈련으로 피로가 얼마나 쌓였는지 직접 확인해보자.

단, 특히 상급자 중에는 휴식을 취할 때 허기가 지면 평소보다 심한 폭식과 음주를 즐기는 경우가 있다. 훈련을 하지 않고 휴식을 취하는 만큼 평소보다 살이 찌기 쉬우므로 주의가 필요하다.

트레이닝 메뉴 읽는 법과
응용 방법 ------------------------------

다음 장부터는 초보자·중급자·상급자의 수준에 맞추어 경기 전 100일 동안 어떤 식으로 트레이닝을 해야 하는지 메뉴를 소개할 예정이다. 여기서는 그 메뉴들을 어떤 의도로 어떤 순서에 맞추어 구성했는지를 간단히 설명하려 한다. 구성을 이해하고 나면 이 책에 실린 메뉴를 그대로 소화하지 못하더라도 어떤 훈련을 중시하고, 어떤 훈련을 덜 중시해도 되는지 알 수 있을 것이다.

우선 경기 당일부터 날짜를 거꾸로 계산해 '어느 시기에 무엇을 해야 하는지' 크게 구분해본다. 이것을 '주기화(periodization)'라고 한다.

경기 당일부터 날짜를 거꾸로 계산해서 계획을 짠다. 경기 직전 2주 동안은 컨디션을 조절하는 기간이다. 그리고 그 전 4주 가운데 첫 3주 동안은 경기를 위해 전력을 다해 하드 트레이닝을 한다. 그런 다음 나머지 1주 동안은 휴식을 취한다. 또 그 전 4주 동안은 하드 트레이닝에 대비해 기초 체력을 향상시키는 3주간의 훈련과 1주간의 회복 시기를 갖는다. 그리고 그 전 4주간은 다음 단계에 대비한 3주간의 트레이닝과 1주간의 회복 시기를 갖는다.

트레이닝의 전체 구조는 이처럼 3주간 훈련하고 1주간 휴식을 취하며, 그다음에 이어질 고된 훈련을 견딜 수 있는 체력을 만드는 식으로 구성되어 있다. 그리고 마지막 2주는 컨디션을 조절해 경기에 임하는 구조이다.

이처럼 주기화를 하고 나면 이제는 각 기간마다 어떤 훈련을 해야 하는지 생각해야 한다.

이 책에서 소개하는 트레이닝 메뉴는 기본적으로 주말에 쉬는 직장인을 대상으로 한다. 따라서 1주간의 훈련 가운데 가장 중요하며 꽤 많은 시간이 필요한 '포인트 연습'을 주말에 하는 것으로 설정해두었다. 매주 토요일·일요일의 포인트 연습에 중점을 두고, 수요일이나 금요일에는 그다음 포인트 연습에 대비한 '브리지 연습'을 넣은 경우가 많다. 그리고 다른 날에는 조깅이나 근력 운동, 스트레칭 등 보조적인 훈련을 이어나간다.

사람마다 일이 많아 바쁜 시기와 비교적 시간을 내기 편한 시기가 다르겠지만, 주말에 설정해둔 포인트 연습은 트레이닝을 시작하는 단계에서부터 가급적 빠뜨리지 말고 꼭 실천하자. 롱 슬로 디스턴스, 지속주, 페이스주 같은 메뉴는 반드시 실천하기 바란다. 업무 특성상 주말에 일하고 평일에 쉬는 사람이나 정기적으로 쉬지 못하는 사람도 있을 것이다. 그런 사람은 주말에 설정된 연습 메뉴를 자신이 쉬는 날로 바꾸자.

또 주말에 연습하지 못해 월요일로 미루는 정도는 괜찮지만, 화요일이나 수요일로 넘겨 무리하게 하면 몸에 부담이 커질 수 있다. 이번 주말에 하지 못한 연습은 그냥 포기하고, 그 다음 주말부터 다시 제대로 연습하자.

토요일과 일요일에 걸쳐서 하는 '세트 연습'(자세한 내용은 162~163페이지 참조)은 무조건 정해진 메뉴를 이틀 동안 소화해야 한다. 시간이 없을 때는 하루에 다 하는 것도 좋다. 아니면 토요일과 월요일처럼 하루 정도 간격을 두고 하자.

정해진 메뉴를 하루도 빠지지 않고 모두 소화하느냐 못 하느냐는 그리 큰 문제가 아니다. 단, 중요한 포인트 연습을 하지 못한 채로 시간을 보내면 소홀했던 부분이 경기일이 가까워지고 나서야 비로소 약점으로 드러나게 된다.

경기 전까지 시간이 얼마나 남았으며, 지금은 무엇을 해야 할 시기이고, 현재 자신에게 부족한 점은 무엇인지를 정확하게 파악하는 것이 중요하다. 이 점을 항상 의식하면서 트레이닝을 꾸준히 해나갔으면 한다.

경기를 앞두고 매일 성실히 훈련에 임하는 '자기 관리(self-management)'가 마라톤 트레이닝에서는 매우 중요하다. 이러한 자기 관리 능력은 경기 중 페이스를 조절하는 데에도 도움이 된다. 트레이닝 과정을 거치면서 자신감이 생기면 전반에 당황하지 않고 침착하게 속도를 높여 후반에 속도를 떨어뜨리는 실수를 하지 않고 경기를 끝마칠 수 있다.

경기 장면을 머릿속으로 그려보는 것, 그리고 그러한 이미지에 맞추어 트레이닝 메뉴를 짜고 실천하면서 이를 종합적으로 관리하는 것. 이것이 마라톤에서 가장 실천하기 어려운 점인 동시에 마라톤의 묘미이자 가장 큰 즐거움이다.

참고로 이 책에서는 트레이닝 메뉴를 크게 초보자·중급자·상급자용으로 나누었다. 풀코스 마라톤에서 6시간대 완주를 목표로 하는 초보자, 서브 포를 목표로 하는 중급자, 서브 스리를 목표로 하는 상급자로 크게 나누었지만, 이것은 어디까지나 일반적인 기준일 뿐이다. 이 세 분류에 해당하지 않는·사람도 있을 테고, 두 단계 사이에 미묘하게 걸쳐 있는 사람도 있을 것이다.

하지만 어느 단계나 트레이닝에 대한 기본 구조에는 변함이 없다. 각 단계를 참고하면서 자신에게 맞게 트레이닝 메뉴를 조합해보기 바란다.

주기화의 개념

'피킹'을 의식해서 경기 당일부터 날짜를 거꾸로 계산해 주기화를 하고 트레이닝 메뉴를 짠다.

❶ 우선 경기 직전 2주 동안은 최종적으로 컨디션을 조절한다.

❷ 그 전 4주 가운데 3주 동안은 실전 연습 기간으로 삼고 하드 트레이닝을 한다. 그런 다음 남은 1주 동안 회복 기간을 갖는다.

❸ 그 전 4주 동안은 3주의 체력 단련 기간과 1주의 회복 기간을 갖는다.

❹ 그 전의 4주 동안은 3주의 기초 연습 기간과 1주의 회복 기간을 갖는다. 이처럼 4주 단위로 트레이닝 메뉴를 짜면서 목표로 하는 경기에 대비하자.

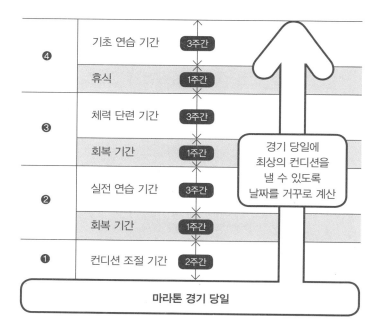

날짜별 트레이닝 메뉴 짜기

기간별로 연습 메뉴를 짤 때는 다음과 같은 방법으로 한다.

Step 1 포인트 연습 설정하기
Step 2 포인트 연습 사이를 연결하는 브리지 연습 설정하기
Step 3 나머지 요일의 트레이닝 메뉴 설정하기

Step 1

월		월	
화		화	
수		수	
목		목	
금		금	
토	**페이스주** 5km	토	**롱 슬로 디스턴스** 90분
일	**롱 슬로 디스턴스** 90분	일	**지속주** 15km

시간을 내기 쉬운 주말을 중심으로 먼저 포인트 연습을 하는 날을 정한다. 포인트 연습이 트레이닝의 중심이다. 연휴를 이용해 스피드 연습과 스태미나 훈련을 함께 하는 세트 연습을 실시하는 것도 좋다.

Step 2

월		월	
화	**조깅** 40분, **윈드 스프린트** 3회	화	
수	**언덕 질주** 7회	수	**조깅** 40분, **윈드 스프린트** 3회
목		목	
금		금	**조깅** 60분, **윈드 스프린트** 5회
토	**페이스주** 5km	토	**롱 슬로 디스턴스** 90분
일	**롱 슬로 디스턴스** 90분	일	**지속주** 15km

주말의 포인트 연습과 그다음 주에 할 포인트 연습 사이를 이어주는 것이 브리지 연습이다. 포인트 연습 사이에 쉬는 기간이 너무 길어지지 않도록 평일인 수요일에 브리지 연습으로 자극을 준다. 또 토요일에 있을 포인트 연습에 대비해 금요일에 훈련으로 자극을 주는 것도 좋다.

Step 3

월	휴식	월	휴식
화	**조깅** 40분, **윈드 스프린트** 3회	화	**조깅** 40분
수	**언덕 질주** 7회	수	**조깅** 40분, **윈드 스프린트** 3회
목	휴식 또는 가벼운 조깅	목	휴식 또는 가벼운 조깅
금	**조깅** 40분	금	**조깅** 60분, **윈드 스프린트** 5회
토	**페이스주** 5km	토	**롱 슬로 디스턴스** 90분
일	**롱 슬로 디스턴스** 90분	일	**지속주** 15km

주요 훈련인 포인트 연습과 브리지 연습 일정을 정한 뒤에는 나머지 날에 할 연습 메뉴를 정하자. 업무 일정이나 피로의 정도 등 각자의 상황을 고려하여 조깅, 근력 운동, 휴식 등을 적절히 조합하면 트레이닝 메뉴가 완성된다.

주요 훈련인 포인트 연습과 브리지 연습 일정을 정한 뒤에는 나머지 날에 할 메뉴를 정하자. 업무 일정이나 피로의 정도 등 각자의 상황을 고려해 조깅, 근력 운동, 휴식 등을 적절히 조합하면 트레이닝 메뉴가 완성된다.

※ 이 책에 소개하는 트레이닝 메뉴는 '주말에 쉬는 직장인'을 전제로 한다. 평일에 쉬거나 휴일이 비정기적인 사람은 트레이닝 내용과 순서를 자신의 상황에 맞추어 바꾸도록 하자.

3;

초보자 마라톤
100일 트레이닝

:

목표는 완주,
6시간 내 완주한다!

김철언의

마라톤 100일
트레이닝

왜 6시간인가?
이런 사람이 타깃이다!

"살을 빼려고 무작정 달리다가 좀 더 구체적 목표를 갖고 싶어졌어요", "친구가 권해서요", "호놀룰루 마라톤에 참가해보고 싶었어요", "마라톤 대회에 참가한 지인을 응원하러 갔다가 저도 해보고 싶어져서요" 등등…….

풀코스 마라톤에 도전해보려고 마음먹은 계기는 저마다 다를 것이다. 그렇게 다른 이유로 마라톤에 도전했지만 막상 42.195km를 뛰어보았더니 너무 힘들어서 경기 당일에 제대로 달릴 수나 있을지 걱정하는 사람이 대다수이다.

일본에서 가장 인기가 많은 대회는 도쿄 마라톤이다. 도쿄 마라톤의 매력 중 하나는 제한 시간을 7시간으로 꽤 길게 정해두었다는 점이다. 도쿄 마라톤에서 풀코스를 완주하려면 적어도 6시간대에는 주파해야 한다. 제한 시간이 없어 인기가 많은 호놀룰루 마라톤에서도 사람들이 골인 지점에 가장 많이 도착하는 것은 5~6시간대이다. 이 같은 상황을 고려했을 때, 마라톤 초보자가 처음 세워야 할 목표는 '6시간 내에 완주'일 것이다. 운동 부족으로 체력에 자신이 없지만 풀코스 마라톤에 도전해 꼭 완주해보고 싶은 사람이라면 이 책에서 소개하는 100일간의 트레이닝을 실천하면서 기초 체력을 길러보자. 틀림없이 목표를 달성할 수 있을 것이다.

6시간 이내에 완주하려면 1km당 평균 8분 32초의 페이스로 달려야만 한다. 이 정도 속도는 조깅치고는 꽤 느린 편으로, 일반적으로 처음부터 끝까지 내내 달리는 것이 아니라 걷다가 뛰다가 하면서 완주하는 경우가 대부분이다.

즉, 이 정도 기록은 트레이닝을 꾸준히 하지 않은 초보자도 얼마든지 노려볼 수 있는 것이다. 이번에 소개할 트레이닝 메뉴는 부상 위험을 최소화하면서 끝까지 즐겁게 완주할 수 있도록 기초 체력을 기르는 데 목적이 있다.

트레이닝 내용은 기초 체력을 기를 수 있도록 워킹, 조깅, 롱 슬로 디스턴스를 적절히 조합하는 것이 주를 이룬다. 거리나 시간은 서서히 늘려나가자. 특히 워킹이 많은 부분을 차지하는데, 실제로 풀코스 마라톤을 6시간 이내에 달릴 때는 러닝에 가까운 워킹 상태일 때도 있으므로 오랜 시간 동안 장거리를 걸을 수 있는 몸을 만드는 것이 중요하다.

메뉴의 절반 정도라도 소화해낸다면 틀림없이 기초 체력이 향상되겠지만, 중간에 너무 오래 쉬면 애써 기른 체력이 다시 떨어져버리므로 주의해야 한다.

초보자가 기억해야 할 다섯 가지

1 워킹을 단순히 걷는 것이 아니라 트레이닝으로 생각한다.

2 다리 단련, 근력 향상이 중요한 목적이다.

3 몸에 최대한 부담이 가지 않도록 무리하지 않는 선에서 다이어트를 한다.

4 모든 트레이닝을 완벽하게 소화하려고 무리하지 않는다.

5 훈련 간격이 너무 벌어지지 않도록 가급적 꾸준히 한다.

제1주기 ① 도입 기간

경기 99~91일 전, 14~13주 전

목표는 완주

이 정도 수준에서 마라톤 완주를 목표로 세운 사람 중에는 '이제껏 제대로 운동을 해본 적이 거의 없는' 경우가 많을 것이다. 풀코스 마라톤을 완주하려면 무엇보다 기초 체력을 향상시키는 것이 중요하다.

우선 처음에는 걷는 것부터 시작하자. 단순히 산책을 하는 게 아니라, 제대로 워킹 트레이닝이 될 수 있도록 의식적으로 빠르게 걷는 것이다.

둘째 주부터는 메뉴에 조깅을 추가한다. 이 시기에는 메뉴에 나온 대로 제대로 된 조깅을 하지 못하는 사람이 있을 수 있다. 하지만 걱정할 필요는 없다. 이 단계에서 괜히 무리하다가 부상을 당하면 오히려 훈련 자체를 할 수 없게 되므로 그런 사람은 무리하지 말고 걷는 것이 좋다. 메뉴에 나온 내용을 조금씩 소화해나가면서 차근차근 체력을 키우면 된다.

112

김철언의 마라톤
100일 트레이닝

		우선 걷는 것부터 시작한다			
14주 전	99일 전(토)	**워킹** 40분 ◦┄┄┄┄┄┄┄┄┄			(POINT)
	98일 전(일)	**워킹** 60분 ◦┄┄┄┄┄			
13주 전	97일 전(월)	휴식			
	96일 전(화)	휴식 또는 가벼운 워킹			
	95일 전(수)	**워킹** 40분, **조깅** 15분			
	94일 전(목)	휴식 또는 가벼운 워킹			
	93일 전(금)	휴식 또는 가벼운 워킹			
	92일 전(토)	**워킹** 30분, **조깅** 15분			
	91일 전(일)	**조깅** 30분			

POINT 운동 부족을 해소하기 위해 일단 걷는다.
걷는 거리가 늘어나면 조금씩 달려보자.

MEMO

※ 여기에는 트레이닝을 하며 얻은 자신만의 팁과 기록을 적어둔다.

제1주기② 도입 기간

경기 90~84일 전, 12주 전

제1주기의 최종 목표는 '50분 동안 조깅을 하는 것'이다.

당연히 사람마다 체력에 차이가 날 수 있다. 운동을 처음 시작했을 때 5분간 뛰는 것도 힘들었던 사람에게는 '50분간의 조깅'이 매우 어렵게 느껴질 것이다. 그런 사람은 무리하게 뛰지 말아야 한다. 조깅이 힘들면 워킹으로 대체해도 된다. 대신 제대로 걷자.

메뉴를 어느 정도 소화하면 불과 2주 남짓한 기간이지만 트레이닝을 처음 시작할 무렵과는 몸이 상당히 달라진 걸 실감할 수 있을 것이다.

무리하지 말고 '조깅 50분'에 도전하자		
12주 전	90일 전(월)	휴식
	89일 전(화)	휴식 또는 가벼운 워킹
	88일 전(수)	**워킹** 40분
	87일 전(목)	휴식 또는 가벼운 워킹
	86일 전(금)	휴식 또는 가벼운 조깅
	85일 전(토)	**워킹** 40분, **조깅** 15분
	84일 전(일)	**조깅** 50분 ○·············**POINT**

POINT
50분 동안 쉬지 않고 달린다.
숨이 찰 때는 뛰지 않고 걸어도 된다.

MEMO

제2주기 ① 도입 기간

경기 83~77일 전, 11주 전

제1주기와 마찬가지로 도입 기간의 메뉴 구성이 이어진다. 단, 이제는 제1주기 때보다 자신의 체력이 조금 향상되었는지 체크해보자.

제2주기에 들어서도 여전히 몸 곳곳이 쑤실 것이다. 근육통이 있어도 몸에 문제가 생긴 것은 아니므로 휴식을 취하면 통증이 가라앉을 것이다. 또 근육통은 근육이 성장하면서 체력이 붙고 있다는 증거이기도 하므로 어느 정도 익숙해지도록 하자.

트레이닝 전후에 준비운동이나 스트레칭을 하는 것도 효과적이다. 또는 욕조에 몸을 담근 상태로 피로해진 부위를 마사지하거나, 욕조에서 나와 찬물로 샤워하며 냉찜질을 하거나, 스트레칭으로 근육에 쌓인 피로를 풀어주면 도움이 된다.

		트레이닝은 거르지 않고, 휴식은 충분히
11주 전	83일 전(월)	휴식
	82일 전(화)	휴식 또는 가벼운 조깅
	81일 전(수)	**조깅** 40분
	80일 전(목)	휴식 또는 가벼운 워킹
	79일 전(금)	휴식 또는 가벼운 워킹 **POINT**
	78일 전(토)	**워킹** 30분, **조깅** 30분
	77일 전(일)	**조깅** 50분

POINT 주말에는 포인트 연습을 하고 수요일에는 브리지 연습을 한다.
일주일에 세 번 있는 이 연습은 매우 중요하므로 가급적 빠뜨리지
말자.

MEMO

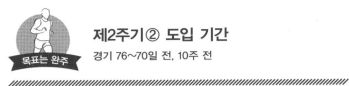
이 시기의 포인트 연습은 일요일마다 설정해둔 '50분간의 조깅'이다.

제1주기 때는 조깅을 하다 힘들면 워킹으로 대체해도 된다고 했지만, 제2주기의 마지막 일요일에는 꼭 50분 동안 조깅을 해보았으면 한다. 속도는 전혀 중요하지 않다. 편하게 뛸 수 있을 만큼 천천히 달려도 된다. 가장 중요한 점은 쉬지 않고 50분 동안 달리는 것이다.

토요일과 특히 일요일에 설정해둔 트레이닝은 포인트 연습이다. 수요일에 설정해둔 트레이닝은 이번 주말과 다음 주말의 포인트 연습을 이어나가기 위해 자극을 주는 브리지 연습이므로 가급적 빠뜨리지 않도록 하자.

\'50분 조깅\' 미션을 수행한다		
10주 전	76일 전(월)	휴식
	75일 전(화)	휴식 또는 가벼운 조깅
	74일 전(수)	**조깅** 40분
	73일 전(목)	충분한 워킹
	72일 전(금)	휴식 또는 가벼운 조깅
	71일 전(토)	**워킹** 30분, **조깅** 30분
	70일 전(일)	**조깅** 50분 ○·············· **POINT**

POINT 천천히 뛰어도 괜찮으니 일요일에는 꼭 50분 동안 쉬지 않고
끝까지 달려본다.

MEMO

제3주기① 도입 기간

경기 69~63일 전, 9주 전

제1주기와 제2주기에 비해 연습 시간이 조금씩 길어진다. 특히 토요일과 일요일에는 '60분 워킹+30분 조깅', '60분 조깅'처럼 비교적 긴 시간을 훈련하게 되어 있다.

이제 이렇게 긴 시간 동안 몸을 움직이는 데 익숙해져야 한다. 몸이 예전보다 잘 움직여지고, 사람에 따라서는 운동을 하면서 상쾌함을 느끼기 시작하는 시기이다.

또 장시간 운동을 하기 때문에 땀을 흘리는 양도 늘어난다. 운동 중에 탈수 증상이 일어나지 않도록 수분 섭취에 신경을 쓰자.

장시간 몸을 움직이는 습관을 들인다

9주 전	69일 전(월)	휴식
	68일 전(화)	휴식 또는 가벼운 조깅
	67일 전(수)	**조깅** 40분
	66일 전(목)	충분한 워킹
	65일 전(금)	휴식 또는 가벼운 조깅
	64일 전(토)	**워킹** 60분, **조깅** 30분
	63일 전(일)	**조깅** 60분

POINT 달리는 거리를 조금씩 늘린다.
몸을 장시간 동안 움직이는 습관을 들이자.

MEMO

제3주기② 도입 기간

경기 62~56일 전, 8주 전

목표는 완주

정해진 일정에 따라 제대로 트레이닝을 했다면 이제 60분 동안 조깅을 해도 끄떡없을 만한 체력이 붙었을 것이다. 아직 마라톤을 하기에는 부족하지만, 조깅을 한다고 다른 사람들에게 당당하게 말할 수 있는 정도는 된 셈이다.

이 단계가 되면 워킹만으로는 부족함을 느끼는 사람도 있을 것이다. 하지만 트레이닝 메뉴에 워킹이 들어 있을 때는 빠뜨리지 말고 제대로 걷도록 하자. 달리기에 제법 익숙해진 사람이라면 워킹이 달리기의 기본이라는 사실을 실감할 것이다. 달리기할 때를 상상하며 의식적으로 자세를 바로 하며 걷는다.

실력이 급격히 향상되어 지금의 메뉴만으로는 너무 부족하다고 느끼는 사람은 이쯤에서 목표를 좀 더 높게 수정해 중급자 메뉴에 도전해보는 것도 좋다.

워킹은 달리기의 기본임을 기억한다		
8주 전	62일 전(월)	휴식
	61일 전(화)	가벼운 조깅
	60일 전(수)	**조깅** 40분
	59일 전(목)	충분한 워킹 o·········· **POINT**
	58일 전(금)	휴식 또는 가벼운 조깅
	57일 전(토)	**워킹** 60분, **조깅** 30분
	56일 전(일)	**조깅** 60분

POINT 달리기에 익숙해졌다고 해도 워킹 훈련이 있는 날은 걸어야 한다.
워킹이 달리기의 기본이라는 점을 실감할 것이다.

MEMO

제4주기 ① 도입 기간

경기 55~49일 전, 7주 전

목표는 완주

제4주기 전반에는 제3주기와 동일한 연습 메뉴를 실시한다. 후반에 접어들어야 비로소 '회복 기간'이라는 개념이 등장한다. 제5주기 이후부터는 트레이닝의 양 또한 한층 더 늘어날 예정이다. 지금까지 열심히 훈련하며 피로가 쌓였기 때문에 이쯤에서 몸을 한 번 쉬게 해주자.

물론 이제껏 정해진 훈련 일정을 제대로 소화하지 못해 아직 피로가 많이 쌓이지 않은 사람도 있을 것이다. 비가 내내 온다거나(비옷을 입고 연습하거나 헬스클럽에서 러닝머신 위를 달릴 수도 있지만), 감기에 걸리거나 혹은 출장이 잡히는 등 갖가지 이유로 생각보다 트레이닝 시간을 확보하지 못할 때가 있으니 말이다. 하지만 이러한 회복 기간은 '경기일을 고려해서 날짜를 계산해 설정한 것'이다. 이제부터 제대로 훈련을 해나가기 위해서라도 몸을 리셋할 필요가 있다.

제3주기와 동일한 메뉴를 한 번 더 확실하게

	55일 전(월)	휴식
	54일 전(화)	휴식 또는 가벼운 조깅
	53일 전(수)	**조깅** 40분
7주 전	52일 전(목)	충분한 워킹
	51일 전(금)	휴식 또는 가벼운 조깅
	50일 전(토)	**워킹** 60분, **조깅** 30분
	49일 전(일)	**조깅** 60분

POINT 최소한의 기초 체력을 키우기 위한 메뉴도 이제 거의 다 끝나간다.
다음 주에 회복 기간을 갖게 되므로 전반에 수행해야 할 훈련을
착실히 소화하자.

MEMO

제4주기② 회복 기간

경기 48~42일 전, 6주 전

휴식을 취하는 회복 기간이기는 해도 아무것도 하지 않은 채 완전히 쉬는 것은 아니다. 트레이닝의 양이 상대적으로 줄어드는 것뿐이므로 반드시 일정대로 휴식을 취하면서 다음 기간에 대비하기 바란다.

단, 이제껏 일정대로 훈련을 전혀 소화하지 못한 상황에서 다음 훈련을 시작했다가는 체력 부족으로 부상당할 위험이 있다. 그런 사람은 제3주기 이전의 트레이닝 메뉴를 참고해 훈련 일정을 다시 짜는 것이 좋다.

또 이번 회복 기간은 훈련량이 줄어들어 체중이 늘어나기 쉬운 시기이기도 하다. 폭식이나 폭음은 금물이며, 체중 조절에 신경 써야 한다.

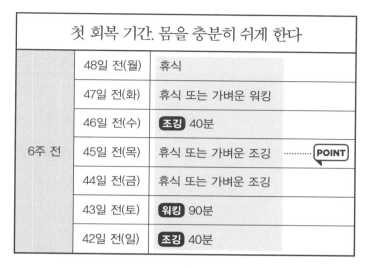

	첫 회복 기간. 몸을 충분히 쉬게 한다	
	48일 전(월)	휴식
	47일 전(화)	휴식 또는 가벼운 워킹
	46일 전(수)	**조깅** 40분
6주 전	45일 전(목)	휴식 또는 가벼운 조깅 ·········· POINT
	44일 전(금)	휴식 또는 가벼운 조깅
	43일 전(토)	**워킹** 90분
	42일 전(일)	**조깅** 40분

POINT 꾸준히 트레이닝을 해왔기 때문에 피로가 누적되었을 것이다.
몸을 충분히 쉬게 하자. 회복 기간에는 체중이 늘어나기 쉬우므로
식단 등 체중 조절에도 신경 쓰자.

MEMO

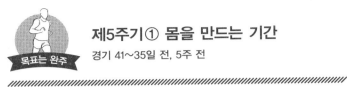

제5주기① 몸을 만드는 기간

경기 41~35일 전, 5주 전

지금까지 도입 기간 동안 해온 트레이닝의 목적은 기초 체력을 키우는 것이었다. 이제부터는 드디어 '풀코스 마라톤을 완주하기 위한 몸'을 만들 시간이다. 3주 동안 트레이닝을 꾸준히 한 뒤, 1주 동안 회복 기간을 가짐으로써 '피킹', 즉 경기 당일 최상의 컨디션을 끌어올릴 수 있도록 대비하는 것이다.

제5주기의 포인트 연습은 일요일에 하는 롱 슬로 디스턴스이다. 첫 주에는 70분, 그다음 주에는 90분을 한다. 이제껏 경험해보지 못한 장시간의 러닝으로, 당연히 달리는 거리도 길어질 수밖에 없다.

또 평일에 하는 조깅 횟수 및 훈련 빈도와 거리가 조금씩 늘어나면서 트레이닝 강도가 한층 세진다. 이 기간에 상당한 피로를 느낄 수 있지만, 부상을 조심하면서 정해진 일정대로 훈련을 소화해나간다.

천천히 달려도 OK,
롱 슬로 디스턴스에 도전한다

5주 전	41일 전(월)	휴식
	40일 전(화)	충분한 워킹
	39일 전(수)	**조깅** 60분
	38일 전(목)	**조깅** 40분
	37일 전(금)	휴식 또는 가벼운 조깅
	36일 전(토)	**워킹** 60분, **조깅** 30분　POINT
	35일 전(일)	**롱 슬로 디스턴스** 70분 ⊙

POINT 70분, 90분 등 오랜 시간 동안 장거리를 달리는 훈련이 늘기 시작한다. 천천히 달려도 상관없으니 도중에 걷지 말고 처음부터 끝까지 달려보자.

MEMO

제5주기② 몸을 만드는 기간

경기 34~28일 전, 4주 전

롱 슬로 디스턴스를 하는 동안에는 상황에 따라 다양한 신체 변화가 나타날 것이다. 몸이 가볍게 혹은 무겁게 느껴지기도 하고, 고통스럽기도 할 것이다. 몸이 가볍게 느껴지는 게 반드시 좋은 것은 아니지만, 달리기를 마쳤을 때 기분 좋은 피로감이 드는 정도라면 괜찮다. 가장 이상적인 것은 여유롭게 롱 슬로 디스턴스를 할 수 있는 상태가 되는 것이다.

만약 처음부터 끝까지 너무 힘들기만 하다면 제4주기까지의 훈련을 제대로 소화하지 않은 것은 아닌지 스스로를 되돌아보자.

		롱 슬로 디스턴스 도중에 나타나는 감각의 변화를 캐치한다
4주 전	34일 전(월)	휴식
	33일 전(화)	충분한 워킹
	32일 전(수)	**조깅** 60분
	31일 전(목)	**조깅** 40분
	30일 전(금)	휴식 또는 가벼운 조깅
	29일 전(토)	**워킹** 60분, **조깅** 30분 ➡ POINT
	28일 전(일)	**롱 슬로 디스턴스** 90분 ○··········

POINT 여유롭게 롱 슬로 디스턴스를 하면서 몸이 가벼워지거나 무거워지는 등 달리는 도중에 나타나는 감각의 변화를 느껴보자.

MEMO

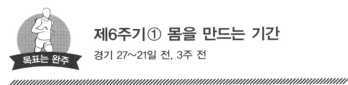

제6주기① 몸을 만드는 기간

경기 27~21일 전, 3주 전

초보자인 여러분에게는 이번 트레이닝 과정 중 가장 고된 연습이 될 것이다. '롱 슬로 디스턴스 100분'이 제6주기의 포인트 연습이다.

당연히 쉽지 않을 것이란 인상을 받을 테고 실제로도 예상처럼 힘든 훈련이 되겠지만, 이제껏 훈련을 성실히 해온 사람이라면 충분히 감당할 수 있다. 또 롱 슬로 디스턴스 100분을 해내고 나면 기분 좋은 피로감과 성취감으로 다가올 경기에 대한 자신감 또한 얻을 수 있다.

이 주기에는 제5주기부터 시작한 고된 훈련이 계속되므로 몸이 꽤 무겁게 느껴질 수 있다. 하지만 걱정할 필요는 전혀 없다. 몸이 무겁게 느껴진다는 것은 트레이닝을 성실히 소화했으며, 그만큼 체력이 길러졌다는 증거이다. 이대로만 한다면 경기 당일에도 틀림없이 기분 좋게 달릴 수 있을 것이다.

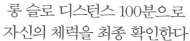

롱 슬로 디스턴스 100분으로 자신의 체력을 최종 확인한다

	27일 전(월)	휴식
	26일 전(화)	충분한 워킹
	25일 전(수)	**조깅** 60분
3주 전	24일 전(목)	**조깅** 40분
	23일 전(금)	휴식 또는 가벼운 조깅
	22일 전(토)	**워킹** 60분, **조깅** 30분 **POINT**
	21일 전(일)	**롱 슬로 디스턴스** 100분 o············

POINT 가장 고된 훈련이지만, 반드시 성공해서 경기에 대한 자신감을 얻는 것이 중요하다.

MEMO

제6주기 ② 회복 기간

경기 20~14일 전, 2주 전

제6주기 후반에는 회복 기간이 마련되어 있다. 회복 기간 전반에는 몸을 충분히 쉬게 해서 누적된 피로를 풀어주어야 한다.

경기 15일 전인 토요일에 들어 있는 '90분간의 워킹'은 이제껏 단련해온 근력이 떨어지지 않게 하기 위한 훈련이다. 올바른 자세로 조금 빠르게 걷자.

훈련 강도를 조금씩 낮추면서도 트레이닝 시간을 어느 정도 확보해, 몸을 움직이면서 피로를 푸는 '적극적인 휴식'을 취하는 것을 잊지 말자.

장시간 워킹으로 근력 저하를 방지한다		
2주 전	20일 전(월)	휴식
	19일 전(화)	휴식 또는 가벼운 워킹
	18일 전(수)	**조깅** 40분
	17일 전(목)	휴식 또는 가벼운 워킹
	16일 전(금)	휴식 또는 가벼운 조깅
	15일 전(토)	**워킹** 90분 o··············(POINT)
	14일 전(일)	**조깅** 40분

POINT 몸에 쌓인 피로를 푸는 회복 기간이지만, 조금 빠른 속도로 워킹을 하자. 그동안 단련해온 근력이 떨어지지 않도록 장시간 걷는다.

MEMO

제7주기① 컨디션 조절 기간

경기 13~7일 전, 1주 전

지금까지 트레이닝을 잘 소화해왔다면 이제 마지막 2주 동안은 컨디션 조절에 힘쓰자.

이 기간 동안에 해야 할 가장 큰 과제는 몸에 쌓인 피로를 풀고, 이제껏 해온 훈련의 성과를 몸에 각인시키는 것이다. 최상의 컨디션으로 경기에 나갈 수 있도록 몸 상태를 관리하자.

제7주기의 포인트 연습은 경기 7일 전인 일요일에 들어 있는 90분간의 롱 슬로 디스턴스이다. 다음 주에 참가할 경기를 머릿속으로 그려보면서 올바른 자세를 유지하며 천천히 달리자. 지금까지 몸 상태를 잘 관리해왔다면 이제는 그리 힘들이지 않고 가뿐하게 90분을 뛸 수 있을 것이다.

다음 주에 있을 경기를 머릿속에 그려본다		
1주 전	13일 전(월)	휴식
	12일 전(화)	충분한 워킹
	11일 전(수)	**조깅** 60분
	10일 전(목)	**조깅** 40분
	9일 전(금)	휴식 또는 가벼운 조깅
	8일 전(토)	**워킹** 60분, **조깅** 30분
	7일 전(일)	**롱 슬로 디스턴스** 90분 ○·········· **POINT**

POINT 경기 당일에 달리는 자신의 모습을 상상하면서 천천히 뛰어보자.

MEMO

제7주기② 컨디션 조절 기간
경기 6일 전~당일, 경기가 열리는 주

경기 전날에는 많이 설레고 흥분될 테지만, 괜한 훈련으로 피로가 쌓이게 해서는 안 된다. 하지만 몸에 어느 정도 자극을 주는 것은 좋으므로 90분 동안 충분한 워킹을 한다. 그런 다음 푹 자면서 다음 날 있을 경기에 대비한다.

지금까지의 트레이닝을 순조롭게 소화해낸 사람이라면 체중이 꽤 많이 줄었을 것이다. 경기 당일에 날이 춥거나 하면 감기에 걸리기 쉬우므로 보온 등에도 충분히 주의를 기울여야 한다.

지금까지 트레이닝을 성실히 수행했다면 틀림없이 6시간 이내에 풀코스 마라톤을 완주할 수 있을 것이다. 자신감을 갖고 경기에 임하도록 하자.

최상의 상태로 경기에 나간다		
경기가 열리는 주	6일 전(월)	휴식
	5일 전(화)	휴식 또는 가벼운 조깅
	4일 전(수)	**조깅** 40분
	3일 전(목)	**조깅** 40분
	2일 전(금)	휴식
	1일 전(토)	**워킹** 90분 ○⋯⋯⋯ **POINT**
마라톤 경기 당일		

POINT 다음 날 있을 경기를 위해 흥분된 마음을 가라앉히고, 피로가 쌓이지 않도록 워킹을 한다. 충분한 수면을 취한 뒤 경기에 나가자.

MEMO

4;

중급자 마라톤
100일 트레이닝

:

목표는 서브 포,
4시간 내 완주한다!

김철언의
마라톤 100일
트레이닝

왜 4시간인가?
이런 사람이 타깃이다! -------------------

풀코스 마라톤에 참가해 완주에 성공한 선수에게는 성취감뿐만 아니라 완주 기록이라는 성과도 함께 주어진다. 이는 그동안 쏟은 노력과 트레이닝 계획, 기술 등이 어우러진 결과라 할 수 있다. 그리고 완주에 성공하고 나면 당연히 다음에는 더 좋은 기록을 내고 싶은 마음이 들기 마련이다.

이제는 달리는 것이 습관화되어 꾸준히 조깅을 하는 시민 마라토너에게 마라톤 경기에서 처음 부딪히는 장애물이 바로 '4시간의 벽'이다. 트레이닝을 꾸준히 하면 쉽게 달성할 수 있을 것 같으면서도 좀처럼 깨기 힘든 이 벽은 골프로 치면 '90타의 벽'과 같다. 아니면 '100타의 벽'과 비슷할지도 모른다.

과거에는 대다수 시민 마라톤 대회의 제한 시간이 5시간인 경우가 많았다. 하지만 대부분 경기의 제한 시간이 5시간인

점을 고려했을 때 '4시간대'에 들어오는 것은 그저 완주하는 것에 불과하다고 할 수 있다. 서브 포, 즉 4시간이 넘지 않는 '3시간대'의 기록을 세우려면 단순히 조깅을 즐기는 수준이 아니라, 그보다 한 단계 높은 어엿한 러너로 성장해야 한다.

단순히 조깅을 하는 속도로 달려서는 결코 4시간 안에 들어올 수 없다. 풀코스 마라톤을 4시간 안에 완주하려면 1km당 평균 5분 40초의 페이스로 달려야 한다. 계획을 철저히 세우고 성실히 훈련하지 않고서는 결코 목표를 달성할 수 없다.

우선 트레이닝 도입 기간에 러너에게 필요한 기초적인 몸을 만드는 시간을 갖는 것이 중요하다. 어느 정도의 체력과 다릿심이 뒷받침되지 않으면 점차 높아질 훈련 강도를 따라가지 못하기 때문이다.

또한 중급자부터는 그저 완주를 목표로 하는 선수들과는 달리, 최상의 상태로 마라톤에 임할 수 있도록 마라톤 당일에 맞추어 컨디션과 체력을 끌어올리는 피킹이 매우 중요해진다. 지금부터는 메뉴에 일류 선수들이 실천하고 있는 훈련의 정수를 도입하여 소개할 것이다. 좀 더 전문적인 트레이닝을 통해 마라톤 트레이닝의 묘미를 느낄 수 있을 것이다.

중급자가 기억해야 할 다섯 가지

1 다리 단련, 근력 향상에 시간을 투자한다.

2 다양한 트레이닝 메뉴를 복합적으로 소화한다.

3 트레이닝의 의미를 생각해본다.

4 레이스 페이스를 익힌다.

5 경기에 앞서 피킹을 의식한다.

제1주기 ① 도입 기간

경기 99~91일 전, 14~13주 전

이 정도 수준의 트레이닝을 하려는 사람이라면 이미 조깅을 수월하게 할 것이다. 그러므로 어떤 식으로 실력 향상을 꾀할 것인지 경기를 앞두고 변화해야 할 자신의 전체 모습을 머릿속으로 먼저 그려본 다음, 트레이닝을 시작하도록 하자.

이 시기는 마라톤을 준비하는 도입 기간이다. 일주일에 서너 번은 몸을 꾸준히 움직이도록 한다. 평일에 업무가 많아서 일정대로 트레이닝을 소화하지 못하는 사람이라 해도 최소한 주말에는 몸을 충분히 움직이자. 특히 주말에 계획한 조깅, 조깅+윈드 스프린트, 롱 슬로 디스턴스 같은 훈련은 반드시 챙겨서 하는 습관을 들이자.

몸을 움직이는 습관을 들인다

14주 전	99일 전(토)	**워킹** 40분 ○·······················
	98일 전(일)	**워킹** 60분 ○·······················
13주 전	97일 전(월)	휴식
	96일 전(화)	휴식 또는 가벼운 조깅
	95일 전(수)	**워킹** 40분, **윈드 스프린트** 3회 ○··[POINT]
	94일 전(목)	휴식 또는 가벼운 조깅
	93일 전(금)	휴식 또는 가벼운 조깅
	92일 전(토)	**워킹** 40분, **윈드 스프린트** 3회 ○··
	91일 전(일)	**롱 슬로 디스턴스** 90분 ○···············

POINT 일주일에 서너 번은 몸을 움직이자. 평일에 시간을 내기 힘들다면 적어도 주말에는 충분히 달리자.

MEMO

※ 여기에는 트레이닝을 하며 얻은 자신만의 팁과 기록을 적어둔다.

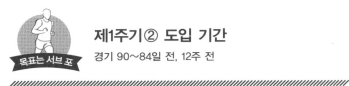

제1주기② 도입 기간

경기 90~84일 전, 12주 전

이제껏 윈드 스프린트를 해본 경험이 없는 사람도 많을 것이다. 윈드 스프린트가 어떤 훈련인지 몸으로 익히기 위해서라도 조금 빠르게 달리는 연습을 하자. 처음에는 횟수가 적어도 상관없다. 동작을 크게 하면서 온몸으로 바람을 느끼며 기분 좋게 달리는 것이 중요하다.

또 일요일에는 90분간의 롱 슬로 디스턴스를 설정했다. 이 정도의 롱 슬로 디스턴스는 기본적으로 소화해낼 수 있다는 전제 아래 앞으로의 훈련을 해나갈 예정이다. 이 시점에서 롱 슬로 디스턴스를 60분 정도밖에 소화하지 못한다면 천천히 뛰어도 괜찮으니 90분 동안 쉬지 않고 달릴 수 있도록 노력해보자. 힘들고 괴롭게 느껴지는 사람도 있겠지만, 하다 보면 서서히 익숙해질 것이다. 자신이 할 수 있는 범위 안에서 도전해보자.

윈드 스프린트로 빠르게 달리는 연습을 한다		
12주 전	90일 전(월)	휴식
	89일 전(화)	휴식 또는 가벼운 조깅
	88일 전(수)	**워킹** 40분, **윈드 스프린트** 3회
	87일 전(목)	휴식 또는 가벼운 조깅
	86일 전(금)	휴식 또는 가벼운 조깅
	85일 전(토)	**조깅** 40분, **윈드 스프린트** 3회
	84일 전(일)	**롱 슬로 디스턴스** 90분

POINT 윈드 스프린트는 동작을 크게 하는 데 효과적인 연습이다.
처음에는 어색할 수 있지만, 적극적으로 연습해보자.

MEMO

제2주기① 도입 기간

경기 83~77일 전, 11주 전

제2주기 전반은 제1주기와 메뉴가 거의 동일하지만, 제대로 훈련을 소화해내고 나면 제1주기 훈련을 시작했을 때보다 훨씬 달리기가 수월해진 걸 실감할 것이다.

앞으로 점점 더 훈련 강도가 높아질 것이라는 점을 기억하면서 기초 체력과 다릿심을 충분히 키우는 메뉴를 잘 소화하자.

처음보다 훨씬 수월해진 감각을 느껴본다

11주 전	83일 전(월)	휴식
	82일 전(화)	휴식 또는 가벼운 조깅 POINT
	81일 전(수)	**조깅** 30분, **윈드 스프린트** 3회 ○········
	80일 전(목)	휴식 또는 가벼운 조깅
	79일 전(금)	휴식 또는 가벼운 조깅
	78일 전(토)	**워킹** 40분, **윈드 스프린트** 3회 ○········
	77일 전(일)	**롱 슬로 디스턴스** 90분 ○··············

POINT 다음 주에는 회복 기간을 가질 예정이므로 이번 주까지 기초 체력과 다릿심을 충분히 길러야 한다.

MEMO

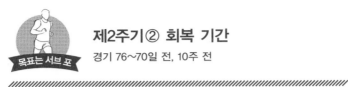

제2주기 ② 회복 기간

경기 76~70일 전, 10주 전

제2주기 후반에는 일찍부터 회복 기간이 설정되어 있다. 지금까지 쌓인 피로의 정도는 사람마다 다르겠지만, 아직까지는 그리 강도 높은 훈련이 없었기에 피로를 심하게 느끼지 않는 사람도 있을 것이다.

하지만 트레이닝은 강도를 적당히 조절하는 것이 중요하다. 경기 당일에 최상의 기량을 발휘할 수 있도록 피킹 개념을 의식한 메뉴로 구성되어 있다. 다음 주기부터 강도 높은 훈련이 진행되므로 이 시기에는 충분한 휴식이 필요하다.

사실 회복 기간이라고 해도 90분간의 롱 슬로 디스턴스가 60분간의 조깅으로 바뀌는 정도이다. 하지만 훈련 강도를 이 정도만 낮추어도 몸이 상당히 편해져 피로가 풀리는 것을 느낄 수 있다. 이 시기에는 괜히 조바심 내지 말고 몸을 조금 쉬게 한다는 생각으로 정해진 메뉴를 소화한다.

김철언의 마라톤
100일 트레이닝

조바심 내지 말고 몸을 쉬게 한다		
10주 전	76일 전(월)	휴식 ·····POINT 1
	75일 전(화)	휴식 또는 가벼운 조깅
	74일 전(수)	조깅 40분
	73일 전(목)	휴식 또는 가벼운 조깅
	72일 전(금)	휴식
	71일 전(토)	조깅 60분, 윈드 스프린트 5회
	70일 전(일)	조깅 60분 ○·······POINT 2

POINT 1
• 경기 당일에 최상의 컨디션을 발휘할 수 있도록 당장 많이 피로하지 않더라도 몸을 쉬게 하자.

POINT 2
• 회복을 위해 운동 강도를 낮추기는 하지만, 90분간의 롱 슬로 디스턴스가 60분간의 조깅으로 바뀌는 정도에 불과하다. 이 정도만으로도 몸이 상당히 편해지는 것을 느낄 수 있다.

MEMO

제3주기 ① 몸을 만드는 기간

경기 69~63일 전, 9주 전

지금부터는 본격적으로 몸을 만들기 시작한다. 훨씬 강도 높은 훈련이 진행되고, 트레이닝 메뉴의 종류도 한층 다양해진다.

특히 주목해야 할 사항은 '페이스주 5km'가 들어갔다는 점이다. 서브 포를 목표로 하는 사람에게는 '1km당 5분 40초'라는 페이스를 익히는 것이 매우 중요하다.

지금까지 마라톤 트레이닝을 하면서 이 점을 크게 신경 쓰지 않은 사람도 많을 것이다. 처음에는 페이스를 일정하게 유지하지 않아도 괜찮으니 시험 삼아 한번 도전해보자. 1km마다 시간을 체크하면서 5분 40초에 최대한 가까워지도록 의식하면서 뛴다.

레이스 페이스를 익힌다		
9주 전	69일 전(월)	휴식
	68일 전(화)	**조깅** 40분, **윈드 스프린트** 3회
	67일 전(수)	**페이스주** 5km ○·············**POINT**
	66일 전(목)	**조깅** 60분
	65일 전(금)	**조깅** 40분
	64일 전(토)	**롱 슬로 디스턴스** 90분
	63일 전(일)	**조깅** 40분

POINT 1km당 5분 40초의 레이스 페이스를 최대한 유지하면서 그 감각을
몸으로 익혀보자.

MEMO

제3주기② 몸을 만드는 기간

경기 62~56일 전, 8주 전

이 주기의 전반에는 언덕 질주도 등장한다. 처음에는 힘들 수 있지만, 포기하지 말고 7회를 반복하자. 짧은 연습 시간 동안 큰 효과를 얻을 수 있는 훈련이다.

또 언덕을 달리는 것이 익숙해지면 토요일에 예정되어 있는 크로스컨트리도 꼭 도전해보자.

다음 날인 일요일에 있는 지속주 15km는 페이스 감각을 익힌다는 생각으로 신경 써서 달려본다. 15km를 달리는 것 자체는 그리 힘든 일이 아니지만, 조깅보다 빠른 속도를 유지하는 것이 포인트이다. 단, 레이스 페이스보다는 조금 느린 것이 좋으므로 5분 40초~6분 정도의 페이스를 계속 유지하면서 달리도록 한다.

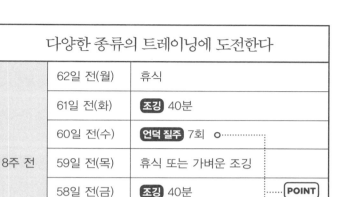

다양한 종류의 트레이닝에 도전한다		
8주 전	62일 전(월)	휴식
	61일 전(화)	**조깅** 40분
	60일 전(수)	**언덕 질주** 7회
	59일 전(목)	휴식 또는 가벼운 조깅
	58일 전(금)	**조깅** 40분
	57일 전(토)	**크로스컨트리** 40분
	56일 전(일)	**지속주** 15km

POINT 언덕 질주, 크로스컨트리 등도 빠뜨리지 말고 확실히 실천한다.
다양한 훈련을 통해 체력을 기르는 것이 중요하다.

MEMO

제4주기① 몸을 만드는 기간

경기 55~49일 전, 7주 전

제4주기 전반에는 제3주기와 비슷한 훈련을 진행한다. 제 3주기부터는 훈련의 종류가 훨씬 다양해지고, 연습량도 상당히 늘어나므로 피로가 점점 더 쌓이기 시작한다. '휴식'이라고 정해진 날에는 충분히 쉬면서 컨디션 관리에 신경 쓰자. 예를 들어 언덕 질주를 한 다음 날에 설정된 휴식일에는 처음 해 본 언덕 질주로 몸에 얼마나 무리가 갔는지 자세히 느껴보는 것이 중요하다. 피로가 심할 때는 그냥 쉬지 말고 피로를 적극적으로 풀 수 있도록 스트레칭이나 마사지 등을 하는 것이 중요하다.

주말에 잡혀 있는 크로스컨트리와 90분간의 롱 슬로 디스턴스는 아직 피로가 어느 정도 남아 있는 상태에서 하는 고강도 훈련이므로 꽤 힘들 수 있다. 하지만 다음 주에는 회복 기간이 잡혀 있으니 끝까지 힘을 내 최선을 다하자.

부상에 주의하면서 몸 관리에 집중한다		
7주 전	55일 전(월)	휴식
	54일 전(화)	**조깅** 40분
	53일 전(수)	**언덕 질주** 7회
	52일 전(목)	휴식 또는 가벼운 조깅 ○·········**POINT 1**
	51일 전(금)	**조깅** 40분
	50일 전(토)	**크로스컨트리** 40분 ○·············**POINT 2**
	49일 전(일)	**롱 슬로 디스턴스** 90분 ○····┘

POINT 1
• 언덕 질주를 하고 난 다음 날은 몸에 어느 정도 피로가 쌓였는지 체크한다. 피로가 심할 때는 적극적으로 피로를 풀자.

POINT 2
• 크로스컨트리와 롱 슬로 디스턴스처럼 이틀 연속으로 고강도 훈련을 한 후에는 일주일 동안 회복 기간을 갖는다.

MEMO

제4주기 ② 회복 기간

경기 48~42일 전, 6주 전

제4주기 후반에 들어가 있는 회복 기간에는 그 전의 회복 기간보다 몸에 쌓인 피로가 훨씬 크다. 이 점을 고려해 충분히 몸을 쉬게 해야 한다.

특히 '휴식 또는 가벼운 조깅'이라고 적혀 있는 날에는 몸 상태를 보고 훈련 여부를 정하자. 몸이 많이 피로할 때는 조깅도 하지 말고 푹 쉬도록 한다.

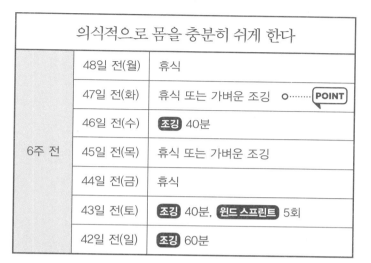

		의식적으로 몸을 충분히 쉬게 한다
6주 전	48일 전(월)	휴식
	47일 전(화)	휴식 또는 가벼운 조깅 ○·······**POINT**
	46일 전(수)	**조깅** 40분
	45일 전(목)	휴식 또는 가벼운 조깅
	44일 전(금)	휴식
	43일 전(토)	**조깅** 40분, **윈드 스프린트** 5회
	42일 전(일)	**조깅** 60분

POINT '휴식 또는 가벼운 조깅'이라고 적힌 날은 몸 상태를 보고 훈련 여부를 결정한다. 무리하지 말고 푹 쉬는 것도 중요한 트레이닝 과정 중 하나이다.

MEMO

제5주기 ① 실전 연습 기간

경기 41~35일 전, 5주 전

지금부터 3주 동안은 경기와 직결되는 연습 기간이다. 이제
껏 기초를 다진 이유가 바로 이 연습 기간을 잘 버티기 위해
서이다. 모든 트레이닝이 경기를 위한 기초공사와 같다는 것
을 실감할 수 있을 것이다.

여기서는 '세트 연습'이라는 개념을 기억하자. 예를 들어 수
요일에 예정된 언덕 질주는 전날 들어 있는 40분간의 조깅+
윈드 스프린트와 한 세트로 묶여 있다. 언덕 질주를 하기 위해
전날 미리 윈드 스프린트를 해서 자극을 주는 것이다.

이와 마찬가지로 주말에 예정되어 있는 페이스주 5km와
90분간의 롱 슬로 디스턴스도 세트 연습이다. 페이스주를 해
서 속도에 대한 감각을 키운 다음, 롱 슬로 디스턴스로 체력
을 보충하는 것이다. 이처럼 강도가 다른 훈련을 이틀 동안
실시해서 종합적인 달리기 실력을 향상시킬 수 있다.

세트 연습으로 훈련 효과를 높인다

5주 전	41일 전(월)	휴식	POINT 1
	40일 전(화)	**조깅** 40분, **윈드 스프린트** 3회 o
	39일 전(수)	**언덕 질주** 7회
	38일 전(목)	휴식 또는 가벼운 조깅	POINT 2
	37일 전(금)	**조깅** 40분
	36일 전(토)	**페이스주** 5km
	35일 전(일)	**롱 슬로 디스턴스** 90분

POINT 1
• 다음 날 할 언덕 질주를 위해 전날 미리 윈드 스프린트로 몸을 충분히 자극해두자.

POINT 2
• 세트 연습은 이틀 동안의 훈련이 한 세트이다. 훈련 순서와 조합을 반드시 지킨다.

MEMO

제5주기② 실전 연습 기간

경기 34~28일 전, 4주 전

제5주기 후반의 주말에 들어가 있는 90분간의 롱 슬로 디스턴스와 지속주 15km도 세트 연습이다. 일요일에 하는 지속주는 가급적 실제 경기에 가까운 페이스로 달리도록 하자. 이 세트 연습을 하면 20km를 레이스 페이스로 달리는 것과 같은 효과를 얻을 수 있다.

세트 연습이 있지만 트레이닝 시간을 하루밖에 낼 수 없을 때는 오전과 오후로 나누어 실시해도 된다. 하지만 몸에 가해지는 부담을 고려한다면 역시 이틀에 나누어 하는 것이 바람직하다. 또 세트 연습이 있는 첫날에는 훈련을 하는 동안, 다음 날 예정되어 있는 훈련을 반드시 기억한다.

주말의 세트 연습은
실전에 가까운 페이스로 달린다

4주 전	34일 전(월)	휴식
	33일 전(화)	**조깅** 40분
	32일 전(수)	**조깅** 40분, **윈드 스프린트** 3회
	31일 전(목)	휴식 또는 가벼운 조깅
	30일 전(금)	**조깅** 60분, **윈드 스프린트** 5회 (POINT)
	29일 전(토)	**롱 슬로 디스턴스** 90분 ○
	28일 전(일)	**지속주** 15km ○

POINT 지속주는 실제 경기에 가까운 페이스로 달리자. 지속주와 롱 슬로 디스턴스는 한 세트로, 이 세트 연습을 소화하고 나면 레이스 페이스로 20km를 달리는 것과 같은 효과를 얻을 수 있다.

MEMO

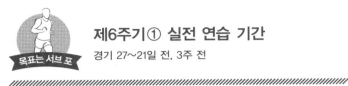

제6주기① 실전 연습 기간

경기 27~21일 전, 3주 전

드디어 서브 포를 향한 트레이닝에서 가장 고된 훈련을 할 시간이다. 주말에 들어 있는 90분간의 롱 슬로 디스턴스와 지속주 20km 세트 연습은 경기를 대비한 총결산의 의미를 담은 강도 높은 훈련이니 긴장을 늦추지 말자.

세트 연습에는 크게 두 종류가 있다. 강도가 낮은 연습과 높은 연습을 조합해서 피로를 줄이는 속도 훈련과 체력 훈련 등 목적이 다른 훈련을 조합해서 큰 효과를 얻는 것. 이는 분습법(分習法, 내용을 부분적으로 나누어 학습한 후, 마지막에 결합하는 방법-역주)의 개념으로 두 훈련을 나누어 세트로 실시해 각각의 훈련 강도를 높이는 것이다. 그에 반해 하프 마라톤 같은 경기를 통해 훈련하는 방법은 전습법(全習法, 학습하려는 내용을 전체적으로 반복하는 방법-역주)에 해당한다. 주말의 세트 연습 대신 하프 마라톤 대회에 참가하는 것도 효과적이다.

강도 높은 트레이닝과 휴식으로 강약을 준다

3주 전	27일 전 (월)	휴식
	26일 전 (화)	**조깅** 40분
	25일 전 (수)	**언덕 질주** 5회
	24일 전 (목)	휴식 또는 가벼운 조깅
	23일 전 (금)	**조깅** 40분
	22일 전 (토)	**롱 슬로 디스턴스** 90분 ○ ············ **POINT**
	21일 전 (일)	**지속주** 20km ○ ············

POINT
경기 전에 하는 가장 강도 높은 세트 연습이다.
대충 하거나 긴장을 늦추지 말고 고된 훈련을 모두 소화해내자.

MEMO

제6주기② 회복 기간

경기 20~14일 전, 2주 전

제6주기 후반은 마지막 회복 기간이다. 몸이 많이 지쳐 있을 테니 충분한 휴식을 취하자. 전체 트레이닝 기간 중에 가장 푹 쉴 수 있는 회복 기간이 될 것이다.

하지만 이제껏 힘들게 만들어둔 체력이나 다리 근력이 저하되지 않도록 주말에 들어 있는 조깅과 롱 슬로 디스턴스는 거르지 말고 꼭 실시한다.

회복 기간에도 체력을 유지한다

2주 전	20일 전(월)	휴식
	19일 전(화)	휴식 또는 가벼운 조깅
	18일 전(수)	**조깅** 40분
	17일 전(목)	휴식 또는 가벼운 조깅 ······ POINT
	16일 전(금)	휴식
	15일 전(토)	**조깅** 40분, **윈드 스프린트** 3회
	14일 전(일)	**롱 슬로 디스턴스** 90분

POINT 제6주기 후반은 마지막 회복 기간이다. 몸에 쌓인 피로를 충분히 풀어야 한다.

MEMO

제7주기① 컨디션 조절 기간
경기 13~7일 전, 1주 전

마지막 2주일은 경기를 앞두고 컨디션을 조절하는 기간이다. 경기 당일에 최상의 컨디션을 낼 수 있도록 세심한 주의를 기울여야 한다.

회복 기간 동안 충분히 쉬었을 테니 우선 첫 주 수요일에 페이스주 5km를 달리면서 레이스 페이스 감각을 되찾도록 한다. 다음 주 수요일에 예정된 지속주 10km 역시 거의 레이스 페이스에 가까운 속도로 달려도 된다. 이제껏 해온 트레이닝의 성과를 온몸으로 떠올린다는 생각으로 훈련에 임하자.

하지만 이 시기에 무리하게 장거리를 뛰거나 속도 훈련을 하는 것은 그야말로 쓸데없는 짓이다. 그보다는 지나친 연습으로 피로가 쌓이지 않게 하는 것이 중요하다.

페이스주로 페이스 감각을 되찾는다		
1주 전	13일 전(월)	휴식
	12일 전(화)	**조깅** 40분, **윈드 스프린트** 3회
	11일 전(수)	**페이스주** 5km ○·····················**POINT**
	10일 전(목)	휴식 또는 가벼운 조깅
	9일 전(금)	휴식 또는 가벼운 조깅
	8일 전(토)	**조깅** 60분, **윈드 스프린트** 5회
	7일 전(일)	**롱 슬로 디스턴스** 90분

POINT 충분한 휴식 뒤, 레이스 페이스 감각을 일깨운다.

MEMO

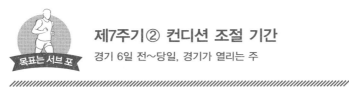

제7주기 ② 컨디션 조절 기간
경기 6일 전~당일, 경기가 열리는 주

경기 전날에 예정된 훈련 메뉴는 '조깅 40분+윈드 스프린트 3회'이다. 자신의 몸에 "내일 잘 부탁한다!"라고 말하며 자극을 주는 의미로 달리자.

단, 윈드 스프린트를 할 때 속도가 너무 빨라지지 않도록 주의하자. 자극이 필요한 부분은 근육이지 심폐가 아니다. 숨이 차서 헉헉댈 정도로 뛰어서는 안 된다. 체력의 80% 정도만 소비한다는 느낌으로 가볍게 뛰자. 너무 빠르게 뛰면 경기 당일에 전반부터 오버 페이스를 범하기 쉬우므로 주의하자.

경기를 앞두고 너무 의욕에 불타지도 말고, 지나치게 몸을 사리지도 말아야 한다. 그 중간에서 적절한 균형을 맞추는 것이 풀코스 마라톤 트레이닝에서 매우 중요하다.

	경기를 향한 마지막 준비! 최상의 상태를 유지한다	
경기가 열리는 주	6일 전(월)	휴식
	5일 전(화)	휴식 또는 가벼운 조깅
	4일 전(수)	**지속주** 10km
	3일 전(목)	**조깅** 60분
	2일 전(금)	휴식 또는 가벼운 조깅 **POINT**
	1일 전(토)	**조깅** 40분, **윈드 스프린트** 3회 ○┈┈
마라톤 경기 당일		

POINT 윈드 스프린트는 속도가 너무 빨라지지 않도록 주의하자.
심폐기능이 아닌 근육에 자극을 주는 것이 목적이다.

MEMO

5;

상급자 마라톤
100일 트레이닝

:

꿈의 서브 스리,
3시간 내 완주한다!

김철언의

마라톤 100일
트레이닝

왜 3시간인가?
이런 사람이 타깃이다! ----------------------

서브 스리. 마라톤 풀코스를 3시간이 넘지 않게 2시간대로 달리는 것은 풀코스 마라톤에 도전하는 모든 시민 마라토너에겐 언젠가 이루고 싶은 꿈같은 목표라 할 수 있다.

일류 선수들의 마라톤 기록이 점점 앞당겨져서 2시간 1분대에 돌입한 지금도 여전히 2시간의 벽을 깬 선수가 없다는 점을 고려한다면, 2시간대라는 기록은 그 자체만으로도 일류 선수들과 같은 2시간대에 속한다는 자부심을 갖게 한다.

하지만 서브 스리를 달성할 수 있는 사람은 전체 러너 가운데 10%도 채 되지 않는다. 서브 포는 '열심히 하면 달성할 수 있는 목표'이지만, 그에 반해 서브 스리는 '언젠가 달성하고 싶은 꿈의 기록' 같은 수준이다. 서브 스리를 달성하려면 1km를 4분 15초 이내로 시속 14km를 웃도는 페이스로 달려야 하는데, 시민 마라토너에게 이는 상당히 빠른 페이스다. 이런 페이스는 단기간에 이룰 수 있는 목표가 아니므로 트레이닝을 체계적으로 꾸준히 실천해야만 한다.

그러나 1km당 4분 15초의 페이스는 꽤 빠르기는 해도 전력 질주를 하는 수준은 아니다. 열심히 노력하면 시민 마라토너도 달성할 수 있는 범위의 속도인 것이다. 힘들지만 그만큼 보람이 큰 목표이다.

내가 이 책에서 소개하는 트레이닝 메뉴를 구성하며 기본으로 삼은 것이 바로 이 서브 스리를 달성하기 위한 메뉴였다. 이 메뉴를 기본으로 하고, 서브 포를 목표로 하는 중급자와 6시간 안에 완주를 목표로 하는 초보자 메뉴를 조금씩 수정한 것이다. 서브 스리를 위한 트레이닝 메뉴에는 전략적 계획이 필요하므로 그 안에 트레이닝에 대한 나의 이론과 생각을 많이 반영했다.

서브 스리를 실현하는 데 가장 중요한 것은 페이스 감각이다. 1km당 4분 15초 이내의 페이스를 고르게 유지하면서 얼마나 편하게 달릴 수 있는가. 이러한 페이스를 몸에 익히는 것이 필요한 전부라 해도 과언이 아니다. 기초 체력 단련, 몸 만들기, 실전 연습 등 모든 훈련 과정이 이러한 페이스 감각을 익히도록 구성되어 있다.

또 서브 스리를 달성하려면 어중간한 상태로 경기에 임해서는 안 된다. 최고의 상태로 경기에 임할 수 있도록 경기 당일에 맞추어 컨디션과 체력을 최상으로 끌어올리는 피킹 개념이 중급자 때보다 훨씬 더 중요해진다.

상급자가 기억해야 할 다섯 가지

1 트레이닝을 할 때 항상 페이스 감각에 신경을 쓴다.

2 '4분 15초의 페이스를 유지하며 얼마만큼 편하게 달릴 수 있는지' 그 감각을 기억한다.

3 경기에 대비해 종합력을 키운다.

4 훈련 메뉴를 균형 있게 구성한다.

5 경기 당일에 최상의 컨디션을 낼 수 있도록 계획한다.

제1주기① 기초 연습 기간

경기 99~91일 전, 14~13주 전

이 정도 수준의 트레이닝을 하려는 사람이라면 적어도 하프 마라톤을 1시간 40분 정도에 뛸 수 있어야 한다. 그리고 60분간의 조깅이나 90분간의 롱 슬로 디스턴스 같은 훈련을 '아무렇지 않게 할 수 있어야' 한다. 이 정도는 반드시 해야 하는 최소한의 훈련이다.

또 페이스 감각을 익히려면 천천히 뛰는 연습만 해서는 안 된다. 천천히 뛰는 훈련만 계속하다 보면 동작이 둔해지기 때문이다. 어느 정도 속도감 있는 훈련이 필요하므로 윈드 스프린트를 효과적으로 이용하기 바란다. 윈드 스프린트를 할 때는 1km당 4분 15초의 페이스를 의식하면서 뛴다. 가능하다면 레이스 페이스보다 조금 빠른 1km당 4분 또는 그보다 조금 더 빠른 페이스로 달리는 것이 좋다.

속도감 있는 훈련을 한다		
14주 전	99일 전(토)	**워킹** 40분, **윈드 스프린트** 3회 o┄┄
	98일 전(일)	**워킹** 60분
13주 전	97일 전(월)	휴식
	96일 전(화)	휴식 또는 가벼운 조깅
	95일 전(수)	**워킹** 40분, **윈드 스프린트** 3회 o┄┄ **POINT**
	94일 전(목)	휴식 또는 가벼운 조깅
	93일 전(금)	휴식 또는 가벼운 조깅
	92일 전(토)	**조깅** 40분, **윈드 스프린트** 3회 o┄┄
	91일 전(일)	**롱 슬로 디스턴스** 90분

POINT 윈드 스프린트를 여러 번 설정해 스피드 감각을 키운다.

MEMO

※ 여기에는 트레이닝을 하며 얻은 자신만의 팁과 기록을 적어둔다.

제1주기 ② 기초 연습 기간

경기 90~84일 전, 12주 전

///

지난 주기와 마찬가지로 트레이닝 메뉴에 '휴식'이 들어 있는 날에도 시간이 나면 적극적으로 조깅을 하자. 가벼운 조깅으로는 40~60분 정도가 적당하다.

앞으로는 거의 매일 달리기를 할 것이다. 따라서 훈련 리듬에 익숙해지기 위해서라도 항상 1주간의 훈련 주기를 의식하도록 하자. 예를 들어 수요일·토요일·일요일에는 정기적으로 강도 높은 훈련을 하고, 다른 날에는 가벼운 훈련을 하면서 그러한 훈련 주기와 리듬에 몸이 익숙해지게 만드는 것이다.

이 트레이닝 메뉴는 기본적인 주력(走力)을 갖춘 사람을 전제로 한 것이므로 처음부터 조깅과 윈드 스프린트, 롱 슬로 디스턴스를 메인 훈련으로 설정했다.

훈련 주기를 몸에 익힌다		
12주 전	90일 전(월)	휴식
	89일 전(화)	휴식 또는 가벼운 조깅 **POINT**
	88일 전(수)	**조깅** 60분, **윈드 스프린트** 5회 o····
	87일 전(목)	휴식 또는 가벼운 조깅
	86일 전(금)	휴식 또는 가벼운 조깅
	85일 전(토)	**조깅** 60분, **윈드 스프린트** 10회 o····
	84일 전(일)	**롱 슬로 디스턴스** 120분 o·········

POINT 주말과 수요일에 하는 훈련은 강도를 높게 설정한다.
이 훈련의 리듬과 주기에 익숙해지는 것이 중요하다.

MEMO

제2주기① 기초 연습 기간

경기 83~77일 전, 11주 전

제2주기 전반은 제1주기와 메뉴가 거의 비슷하다. 항상 자신이 달리고 있는 페이스가 1km당 어느 정도인지 의식하면서 뛰도록 하자. 몸에 가해지는 압박이나 피로감으로 페이스를 판단하면 그날그날의 컨디션에 따라 오차가 발생할 수 있다. 따라서 '이 정도 페이스로 달리면 주변 경치가 얼마나 빨리 지나가는지' 기억하는 식으로 페이스를 시각적으로 판단하는 습관을 기르자.

제2주기 전반의 일요일에 들어 있는 롱 슬로 디스턴스 훈련의 경우, 체력에 자신이 없는 사람은 120분이 아니라 180분으로 늘려서 뛴다.

페이스를 시각적으로 확인한다		
11주 전	83일 전(월)	휴식
	82일 전(화)	휴식 또는 가벼운 조깅
	81일 전(수)	**조깅** 60분, **윈드 스프린트** 5회
	80일 전(목)	휴식 또는 가벼운 조깅
	79일 전(금)	휴식 또는 가벼운 조깅
	78일 전(토)	**조깅** 60분, **윈드 스프린트** 5회
	77일 전(일)	**롱 슬로 디스턴스** 120분 ○·········**POINT**

POINT 체력에 자신이 없다면 롱 슬로 디스턴스를 120분이 아니라 180분으로 늘린다.

MEMO

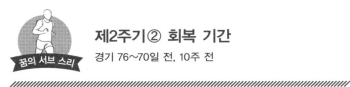

제2주기 ② 회복 기간

경기 76~70일 전, 10주 전

이번 주에는 곧바로 회복 기간을 갖는다. 지금까지의 훈련 메뉴를 보면 아직 피로가 그리 심하지 않을 것이다. 하지만 경기 당일에 최상의 컨디션을 낼 수 있도록 조금 가벼운 훈련을 한다. 트레이닝 메뉴는 경기 당일을 기준으로 날짜를 거꾸로 계산해서 계획적으로 구성한 것이라는 사실을 항상 기억한다. 다음 주기부터 훈련 강도가 더 높아지므로 이 시기에 몸을 충분히 쉬게 해야 한다.

서브 스리가 목표인 사람은 이제껏 자기 나름대로 꾸준히 훈련을 해왔을 것이다. 지금까지 해온 훈련 강도에 따라 느끼는 피로나 성취감도 저마다 다르다. 이 훈련이 조금 힘들더라도 연습량이나 강도 등에는 금세 익숙해지므로 적극적으로 임하자. 반대로 연습량이 조금 부족하게 느껴진다면 약간 늘려도 된다. 단, 회복 기간에는 반드시 몸을 푹 쉬게 한다.

피킹을 의식하고 항상 트레이닝 메뉴를 기억한다

10주 전	76일 전(월)	휴식
	75일 전(화)	휴식 또는 가벼운 조깅
	74일 전(수)	**조깅** 60분
	73일 전(목)	휴식 또는 가벼운 조깅 ········ **POINT**
	72일 전(금)	휴식
	71일 전(토)	**조깅** 90분, **윈드 스프린트** 5회
	70일 전(일)	**조깅** 60분

POINT 경기 당일에 최상의 컨디션을 낼 수 있도록 가벼운 훈련을 하며 회복 기간을 갖는다. 경기 당일에 맞추어 계획적으로 구성한 훈련 일정이라는 것을 항상 기억해야 한다

MEMO

제3주기① 몸을 만드는 기간
경기 69~63일 전, 9주 전

이 시기부터는 본격적으로 몸을 만들기 시작한다.

우선 전반에는 곧바로 페이스주를 시작한다. 1km당 4분 15초의 페이스로 열심히 뛰어서 페이스를 몸에 익히는 것이 중요하다. 아무런 준비 없이 갑자기 1km당 4분 15초의 페이스로 달리기는 쉽지 않으므로 페이스주를 하기 전에 워밍업을 충분히 해서 몸을 데운 다음 훈련에 들어가도록 하자.

페이스주 훈련 전날에는 윈드 스프린트가 예정되어 있다. 윈드 스프린트도 다음 날 하게 될 페이스주를 의식한 속도로 달려 몸에 충분한 자극을 준다.

페이스주를 훈련한 다음 날에 있는 롱 슬로 디스턴스로 체력을 보충하는 것도 중요하다. 모두 포인트 연습에 해당한다고 생각하면 된다. 일주일에 세 번 포인트 연습을 하는 셈이다.

페이스주 훈련으로 실전처럼!

9주 전	69일 전(월)	휴식
	68일 전(화)	**조깅** 60분, **윈드 스프린트** 3회
	67일 전(수)	**페이스주** 5km
	66일 전(목)	**롱 슬로 디스턴스** 90분
	65일 전(금)	**조깅** 60분
	64일 전(토)	**롱 슬로 디스턴스** 120분
	63일 전(일)	**조깅** 60분

POINT 1
- 페이스주를 하기 전에 워밍업을 충분히 하자.

POINT 2
- 페이스주 훈련 전날에는 윈드 스프린트로 몸에 자극을 준다. 페이스주를 훈련한 다음 날에는 롱 슬로 디스턴스로 체력을 보충한다. 트레이닝은 균형을 맞추는 것이 중요하다.

MEMO

제3주기② 몸을 만드는 기간

경기 62~56일 전, 8주 전

이번 주 수요일에는 언덕 질주를 10회 한다. 주말에는 크로스컨트리 90분과 지속주 20km(1km당 4분 30초~4분 5초 정도의 페이스)를 해서 이틀 동안 약 40km를 달린다.

훈련이 점점 더 힘들어지지만, 정해진 일정대로 열심히 뛰자. 지금 시점에서는 지속주를 1km당 4분 45초의 페이스로 뛰어도 된다. 단, 자신이 달리고 있는 페이스가 1km당 4분 40초인지, 4분 45초인지 정확하게 파악하는 것이 중요하다.

지속주로 페이스를 정확히 파악한다

8주 전	62일 전(월)	휴식
	61일 전(화)	**조깅** 60분
	60일 전(수)	**언덕 질주** 10회
	59일 전(목)	휴식 또는 가벼운 조깅
	58일 전(금)	**조깅** 60분
	57일 전(토)	**크로스컨트리** 90분
	56일 전(일)	**지속주** 20km ○⋯⋯⋯⋯⋯ **POINT**

POINT 지속주로 뛸 때는 지금 시점에서 자신의 페이스가 어느 정도인지 정확히 파악하면서 달리는 것이 중요하다.

MEMO

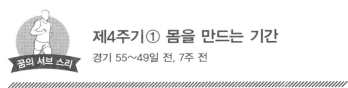

제4주기① 몸을 만드는 기간
경기 55~49일 전, 7주 전

제4주기 전반은 제3주기와 비슷한 메뉴로 구성되어 있다. 제4주기 전반 일요일에 실시하는 롱 슬로 디스턴스는 제2주기와 마찬가지로 체력에 자신이 없는 사람의 경우, 시간을 120분이 아니라 180분으로 늘려도 된다. 단, 전날 있는 크로스컨트리 시간을 늘려서는 안 된다. 크로스컨트리를 너무 오래 하면 피로가 심하게 쌓여 부상을 입을 수 있으니 조심해야 한다. 그다음 날 롱 슬로 디스턴스를 하면서 전날 크로스컨트리로 피로가 어느 정도 쌓였는지 자신의 몸을 점검하자.

그다음 주는 회복 기간이므로 제2주기와 마찬가지로 연습량을 줄여가며 몸에 쌓인 피로를 충분히 풀어준다.

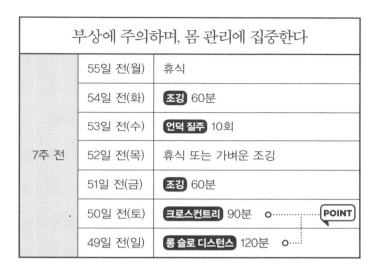

		부상에 주의하며, 몸 관리에 집중한다
7주 전	55일 전(월)	휴식
	54일 전(화)	조깅 60분
	53일 전(수)	언덕 질주 10회
	52일 전(목)	휴식 또는 가벼운 조깅
	51일 전(금)	조깅 60분
	50일 전(토)	크로스컨트리 90분 ○·········· POINT
	49일 전(일)	롱 슬로 디스턴스 120분 ○····

POINT 피로가 쌓여 부상을 입지 않도록 크로스컨트리는 90분으로 끝낸다. 단, 체력에 자신이 없는 경우에는 롱 슬로 디스턴스 시간을 180분으로 늘려도 된다.

MEMO

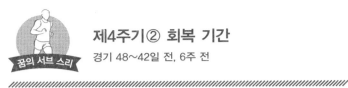

제4주기 ② 회복 기간

경기 48~42일 전, 6주 전

이 정도 수준에 이르면 트레이닝이 상당히 힘들어진다. 준비운동→워밍업→트레이닝→쿨다운→스트레칭 및 아이싱 같은 일련의 몸 관리가 중요해진다. 또 회복 기간에 마사지를 일주일에 한두 번 정도 받으면서 피로를 누그러뜨리는 것도 좋은 방법이다. 특히 등이나 허리 같은 체간 부위에는 피로가 쌓이기 쉽다. 다리처럼 통증을 쉽게 느끼지는 않지만, 달리기에 큰 영향을 미치는 부위이므로 피로가 쌓이지 않게 주의하자.

이 시기의 페이스 감각은 당연히 사람마다 주력이 다르기 때문에 차이가 난다. 하지만 이 시점에서 어느 정도의 페이스로 달렸을 때 피로가 얼마나 쌓이는지를 1km당 5~10초 정도의 간격으로 조절하면서 파악해두는 것이 중요하다.

경기를 위한 몸 관리에 집중한다		
6주 전	48일 전(월)	휴식
	47일 전(화)	휴식 또는 가벼운 조깅
	46일 전(수)	**조깅** 60분
	45일 전(목)	휴식 또는 가벼운 조깅 ·······**POINT**
	44일 전(금)	휴식
	43일 전(토)	**조깅** 90분, **윈드 스프린트** 5회
	42일 전(일)	**조깅** 60분

POINT 체간 부위에 피로가 쌓이지 않도록 주의한다. 마사지 등이 도움이
된다.

MEMO

제5주기① 실전 연습 기간

경기 41~35일 전, 5주 전

서브 스리를 위한 트레이닝도 경기와 직결되는 앞으로 3주가 고비이다. 수요일에 설정되어 있는 언덕 질주는 제3주기, 제4주기와 마찬가지로 10회 반복한다. 몸에 빠른 속도의 자극을 준다는 느낌으로 하자. 전날인 화요일에 60분간의 조깅을 마치고, 윈드 스프린트로 자극을 준 상태에서 실시한다. 이제부터는 편한 상태로 달릴 수 있는지 여부가 중요하다.

가장 중요한 포인트 연습은 30km의 지속주이다. 4분 30초~4분 45초의 페이스를 유지한다. 후반에 페이스가 다소 떨어지는 것은 어쩔 수 없지만, 여기서 1km당 4분 30초의 페이스로 뛸 수 있다면 서브 스리 달성 가능성이 높아진다. 일요일의 2km 페이스주 5회 반복 훈련은 반드시 해야 한다. 지속주를 잘 끝냈다 해도 다음 날의 페이스주를 빠뜨리면 훈련 효과가 반감된다. 페이스주 사이의 인터벌은 3분 정도로 설정하자.

지속주 30km로 서브 스리의 가능성을 확인한다

5주 전	41일 전(월)	휴식
	40일 전(화)	**조깅** 60분, **윈드 스프린트** 3회
	39일 전(수)	**언덕 질주** 10회
	38일 전(목)	휴식 또는 가벼운 조깅
	37일 전(금)	**조깅** 60분
	36일 전(토)	**지속주** 30km　○⋯⋯⋯⋯⋯⋯**POINT**
	35일 전(일)	**페이스주** 2km×5회　○⋯⋯

POINT 지속주 30km를 뛰는 훈련이 가장 중요하다. 1km당 4분 30초~4분 45초의 페이스로 달리자. 다음 날에 있는 페이스주 2km×5회 훈련도 지속주 훈련과 세트 연습이므로 반드시 해야 한다.

MEMO

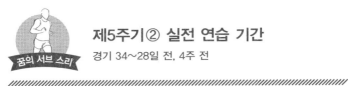

제5주기② 실전 연습 기간

경기 34~28일 전, 4주 전

경기가 4주 앞으로 다가온 제5주기 후반에는 연습량을 조금 줄이는 것이 필요하다.

토요일에 롱 슬로 디스턴스를 하고 나서 그다음 날인 일요일에 하는 지속주 20km는 특히 중요하다. 풀코스 마라톤의 전반부를 뛴다고 상상하면서 가급적 레이스 페이스에 가까운 속도로 달리자.

체력은 충분히 향상된 상태이므로 다리가 좀 무거워도 몸에는 생각보다 부담이 적게 간다. 지금까지 정해진 훈련을 순조롭게 소화해내면서 힘을 길렀다면 충분히 할 수 있을 것이다.

경기까지 4주, 연습량을 조금 줄인다		
4주 전	34일 전(월)	휴식
	33일 전(화)	**조깅** 40분
	32일 전(수)	**조깅** 60분
	31일 전(목)	휴식 또는 가벼운 조깅
	30일 전(금)	**조깅** 60분, **윈드 스프린트** 5회
	29일 전(토)	**롱 슬로 디스턴스** 150분
	28일 전(일)	**지속주** 20km ○·················**POINT**

POINT 전날 실시한 롱 슬로 디스턴스의 피로가 남아 있겠지만, 일요일에 하는 지속주는 레이스 페이스에 가까운 속도로 열심히 뛰자.

MEMO

제6주기① 실전 연습 기간

경기 27~21일 전, 3주 전

트레이닝도 막바지에 이르렀다. 포인트 연습은 토요일의 지속주 30km이다. 제5주기 마지막의 지속주 20km를 잘 해냈다면 이 지속주를 1km당 4분 30초의 페이스로 달릴 수 있다. 30km를 쉬지 않고 끝까지 뛰는 것이 중요하다.

제5주기 마지막의 지속주 20km와 이번의 지속주 30km는 이어져 있다. 그사이에 브리지 연습으로 설정한 것이 경기 25일 전의 15km 빌드업주이다. 이때는 지난주의 지속주 20km와 주말에 할 지속주 30km를 생각하면서 달리는 것이 중요하다. 마지막에 들어 있는 롱 슬로 디스턴스 120분은 전날의 지속주 30km를 마치고 하는 긴 쿨다운이라 생각하면서 달리자. 이때 중요한 것이 '체력을 확보해둔다'는 감각이다. 속도 감각에 치중한 훈련을 한 다음 날에 천천히 오랜 시간 달리면서 체력이 바닥나지 않도록 하는 것이다.

장거리를 달리며 체력을 확보한다		
3주 전	27일 전(월)	휴식
	26일 전(화)	**조깅** 60분
	25일 전(수)	**빌드업주** 15km
	24일 전(목)	휴식 또는 가벼운 조깅
	23일 전(금)	**조깅** 60분
	22일 전(토)	**지속주** 30km ○·············· **POINT 1**
	21일 전(일)	**롱 슬로 디스턴스** 120분 ○········ **POINT 2**

POINT 1
- 마지막 포인트 연습. 1km당 4분 30초의 페이스로 열심히 달린다.

POINT 2
- 전날 쌓인 피로를 풀기 위해 오랫동안 쿨다운을 한다고 생각하자. 이때 '체력을 확보해둔다는' 감각이 중요하다.

MEMO

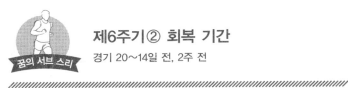

제6주기 ② 회복 기간
경기 20~14일 전, 2주 전

제6주기 후반은 경기 전에 갖는 마지막 회복 기간이다. 토요일 훈련은 조깅만 하고 끝내지 말고 1km만 페이스주로 더 달리자. 이렇게 하는 이유는 속도 감각을 일깨우기 위해서이다.

그리고 일요일에는 천천히 120분간 롱 슬로 디스턴스를 한다. 속도 감각을 일깨우고, 체력을 확보하는 데 주력하는 훈련이다. 여기까지 준비했으면 이제 무리하게 장시간 달리는 일은 피하자. 롱 슬로 디스턴스 시간을 120분에서 180분으로 늘릴 필요도 없다.

		경기 전 마지막 회복 기간, 속도 감각을 일깨운다

2주 전	20일 전(월)	휴식
	19일 전(화)	**조깅** 40분
	18일 전(수)	**조깅** 60분, **윈드 스프린트** 3회
	17일 전(목)	휴식 또는 가벼운 조깅
	16일 전(금)	휴식
	15일 전(토)	**조깅** 40분, **페이스주** 1km
	14일 전(일)	**롱 슬로 디스턴스** 120분 o··········**POINT**

POINT 속도 감각을 일깨우고 나면 체력 확보를 위해 에너지를 아낀다.

MEMO

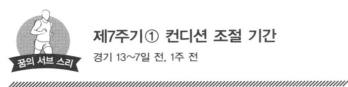

제7주기 ① 컨디션 조절 기간

꿈의 서브 스리

경기 13~7일 전, 1주 전

경기 11일 전인 수요일에 설정되어 있는 빌드업주 15km는 토요일에 예정된 지속주 20km를 달리기 위한 브리지 연습이다. 피로하지 않다면 가볍게 끝마쳐도 되지만, 만약 몸에 피로가 남아 있을 경우는 반대로 페이스를 올려서 자극을 주자. 단, 금요일에 있는 윈드 스프린트는 가급적 가벼운 자극을 주는 선에서 그치도록 하자.

가장 중요한 훈련은 경기 8일 전에 있는 지속주 20km이다. 풀코스 마라톤 경기의 전반부를 소화한다는 느낌으로 내내 올바른 자세를 유지하면서 달리자. 경기 당일과 비슷한 시각에 일어나서 식사를 하고 준비한 다음, 경기 시작 시각에 맞추어 훈련을 시작하는 것이 효과적이다.

경기 당일을 위한 리허설

1주 전	13일 전(월)	휴식
	12일 전(화)	**조깅** 60분, **윈드 스프린트** 3회
	11일 전(수)	**빌드업주** 15km
	10일 전(목)	휴식 또는 가벼운 조깅
	9일 전(금)	**조깅** 40분, **윈드 스프린트** 3회
	8일 전(토)	**지속주** 20km o·····················(**POINT**)
	7일 전(일)	**롱 슬로 디스턴스** 120분

POINT 경기 전반부를 소화한다는 느낌으로 올바른 자세를 유지하면서 규칙적으로 달리자.

MEMO

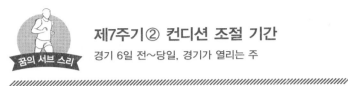

제7주기② 컨디션 조절 기간
경기 6일 전~당일, 경기가 열리는 주

꿈의 서브 스리

지난주 일요일에 롱 슬로 디스턴스를 120분간 하면서 체력을 아껴두었다면 마지막 주에는 컨디션을 조절한다. 경기 4일 전에 하는 빌드업주 10km는 지난주의 포인트 연습이던 지속주 20km와 실제 경기를 잇는 브리지 연습이다.

다음 날 90분간 롱 슬로 디스턴스를 해서 체력을 확보해두는 것을 잊지 말자. 경기 전날인 토요일은 페이스주를 2km 달려서 몸에 마지막으로 자극을 준다. 마지막 순간까지 꼼꼼하게 정해진 훈련을 소화하자.

지금까지 조금씩 실력을 쌓으면서 훈련을 반복해왔다. 경기 일로부터 날짜를 거꾸로 계산해서 훈련 메뉴를 구성하고, 포인트 연습 사이를 브리지 연습으로 잇고, 체력을 확보하는 식으로 속도와 체력을 점차 향상시켜왔다. 여기까지 성공했다면 이제 준비는 완벽하다. 자신감을 갖고 경기에 임한다.

마지막 훈련을 소화한 뒤, 경기장으로!		
경기가 열리는 주	6일 전(월)	휴식
	5일 전(화)	**조깅** 40분, **윈드 스프린트** 3회
	4일 전(수)	**빌드업주** 10km
	3일 전(목)	**롱 슬로 디스턴스** 90분
	2일 전(금)	휴식 또는 가벼운 조깅
	1일 전(토)	**조깅** 40분, **페이스주** 2km o·····**POINT**
마라톤 경기 당일		

POINT 경기 전날까지도 몸을 충분히 움직이자.
다음 날에 있을 경기를 상상하면서 몸에 자극을 준다.

MEMO

6;

벼락치기
30일 트레이닝

:

시간이 없는 사람을 위한 메뉴,
지금부터라도 괜찮아!

김철언의

마라톤 100일

트레이닝

경기까지 앞으로 한 달
완주를 위한 최종 수단

주위에서 자꾸 권해서, 혹은 꼭 한번 해보고 싶었다는 이유로 마라톤 참가 신청서를 덜컥 내고 말았지만, 아직까지 제대로 연습하지 못한 사람도 있을 것이다. 그런 사람이 과연 무사히 풀코스 마라톤을 완주할 수 있을까? 기대를 저버려서 미안하지만, 내 솔직한 의견으로는 무리이다.

마라톤에 요행은 없다. 연습에서 해내지 못한 기록이 갑자기 실전에서 나오지는 않는다. 마라톤의 진정한 즐거움은 경기 자체에 있는 것이 아니다. 경기를 대비한 트레이닝 과정까지 모두 마라톤에 포함된다는 사실을 부디 잊지 말았으면 한다.

42.195km는 누가 봐도 상당히 긴 거리이다. 그 거리를 달리려면 최소한의 기초 체력이 필요하다. 훈련을 하지 않고 무작정 달리기는 불가능한 도전이다. 설령 완주했다 하더라도 경기 후에 입게 될 신체적 타격은 상당할 것이다. 하지만 나이나

성별, 운동 경험의 유무와 관계없이 트레이닝만 제대로 하면 이 정도 거리를 완주하는 것은 사실 그리 어려운 일은 아니다.

이번 장에서는 경기까지 한 달밖에 시간이 남지 않은 사람이 완주를 목표로 하는 경우를 가정하고, 지금부터라도 할 수 있는 일은 해보자는 취지로 트레이닝 메뉴를 짜보았다.

하지만 이 경우에도 반드시 이루어야 할 목표가 두 가지 있다. 적어도 2주 안에는 15km 정도를 달릴 수 있어야 한다는 것과 120분간의 롱 슬로 디스턴스를 소화해낼 것. 이 두 가지를 실현하기 위해 강도 높은 훈련이 필요하다. 당연히 쉬는 날을 줄일 수밖에 없으므로 근육통이 생긴다. 하지만 애써 단련한 근력을 떨어뜨리지 않기 위해서라도 어느 정도의 근육통은 감수해야 한다. 트레이닝을 하는 동안 통증에 익숙해져야 한다. 시간이 얼마 없기 때문에 어쩔 수 없다. 기왕 시작했다면 최선을 다하길 바란다.

벼락치기 트레이닝은
결코 바람직하지 않다

경기까지 두 달이 남았다면 한 달 동안 이 훈련을 소화하고, 나머지 한 달 동안은 초보자 트레이닝 메뉴의 제6주기와 제7주기(132~139페이지 참조) 훈련을 하면 좋다. 한 달 훈련하고 풀코스 마라톤에 나가는 것이 불가능한 일은 아니지만, 나는 권하지 않는다. 부상의 위험이 높기 때문이다. 부디 다음 경기는 트레이닝을 계획적으로 한 다음에 도전했으면 한다.

벼락치기 트레이닝에서 지켜야 할 다섯 가지

1 자세가 흐트러지지 않게 주의하면서 제대로 워킹한다.

2 적어도 2주 안에 15km 정도는 달릴 수 있어야 한다.

3 120분간의 롱 슬로 디스턴스는 빠뜨리지 않는다.

4 빡빡한 훈련 일정으로 부상의 위험이 높으니 주의한다.

5 근력 저하를 막기 위해 근육통이 생겨도 훈련을 계속한다.

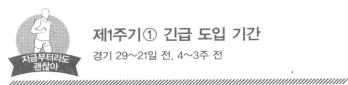

제1주기 ① 긴급 도입 기간
경기 29~21일 전, 4~3주 전

경기까지 한 달밖에 시간이 남지 않았지만 평소에 거의 몸을 움직이지 않는 사람이라면 오래 걷는 것조차 귀찮게 느껴질 것이다. 우선은 워킹부터 제대로 할 수 있어야 한다. 쉬지 않고 어느 정도 오래 워킹을 할 수 있게 되면 조깅도 조금씩 하면서 달리는 시간을 점차 늘려간다.

경기 21일 전인 일요일에는 60분간의 조깅을 소화할 수 있어야 한다. 1시간 동안 달리는 것이 꽤 힘들게 느껴지겠지만, 한 달 뒤에 풀코스 마라톤을 뛰려면 이 정도 훈련은 소화해 내야 한다.

트레이닝 주기를 몸으로 익힌다		
4주 전	29일 전(토)	**워킹** 60분, **조깅** 10분
	28일 전(일)	**워킹** 60분, **조깅** 20분
3주 전	27일 전(월)	**워킹** 30분
	26일 전(화)	**워킹** 30분
	25일 전(수)	**워킹** 60분, **조깅** 30분
	24일 전(목)	**워킹** 30분
	23일 전(금)	**워킹** 30분
	22일 전(토)	**워킹** 30분, **조깅** 40분
	21일 전(일)	**워킹** 20분, **조깅** 60분 ○········ **POINT**

POINT 일단 워킹부터 시작하지만, 경기 21일 전에는 60분을 달릴 수 있어야 한다.

MEMO

※ 여기에는 트레이닝을 하며 얻은 자신만의 팁과 기록을 적어둔다.

제1주기② 긴급 도입 기간

경기 20~14일 전, 2주 전

    가장 중요한 훈련은 경기 15일 전인 토요일에 예정되어 있는 90분간의 롱 슬로 디스턴스이다. 속도는 느려도 괜찮으므로 도중에 걷지 않고 처음부터 끝까지 뛸 수 있도록 노력하자.

    '걷기'와 '달리기'는 깊은 연관이 있고, 공통점도 매우 많다. 먼저 제대로 걸어야만 나중에 장시간 달릴 수 있다. 그런 점에서라도 자세에 신경을 쓰는 것이 중요하다. 아직 능력이 충분하지 않은 상태에서 체력 손실이 큰 자세로 걷거나 뛰면 나중에 풀코스 마라톤을 완주하기 어렵다. 그뿐 아니라 훈련 중에 부상을 입기도 쉽다. 편하게 걷고 뛸 수 있도록, 허리가 구부정해지지 않도록 동작을 정확하고 크게 하는 습관을 들이자.

90분 롱 슬로 디스턴스를 쉬지 않고 달린다

	20일 전(월)	휴식 또는 **워킹** 30분
	19일 전(화)	휴식 또는 **워킹** 30분
	18일 전(수)	**조깅** 60분
2주 전	17일 전(목)	**워킹** 45분, **조깅** 15분
	16일 전(금)	**워킹** 45분, **조깅** 15분
	15일 전(토)	**롱 슬로 디스턴스** 90분 ○··········**POINT**
	14일 전(일)	**워킹** 60분

POINT 제1주기의 최대 포인트. 90분간을 쉬지 않고 뛸 수 있도록 천천히 달려보자.

MEMO

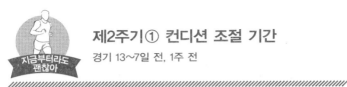

제2주기 ① 컨디션 조절 기간
경기 13~7일 전, 1주 전

벌써 경기가 2주 앞으로 다가왔다. 체력을 더 길러야 하지만, 경기에 나가려면 강도 높은 훈련은 삼가야 한다. 피로가 심하거나 부상을 입은 상태로는 풀코스 마라톤을 완주하기 어렵기 때문이다. 그러므로 경기를 앞두고 휴식을 취하면서 체력을 보강해 컨디션을 잘 조절하자.

이번 주 초반에는 충분한 휴식을 취한다. 갑작스러운 운동으로 관절이나 근육 등에 통증이 발생할 가능성도 고려했다. 완전한 휴식을 취함으로써 몸에 쌓인 피로를 조금씩 풀어준다.

트레이닝 메뉴 가운데 가장 중요한 포인트는 경기 8일 전에 예정되어 있는 120분간의 롱 슬로 디스턴스이다. 이 트레이닝을 제대로 소화하기 위해서라도 일정대로 조깅과 워킹을 반복하면서 체력을 키워야 한다.

체력을 보강하면서 컨디션을 조절한다		
1주 전	13일 전(월)	휴식
	12일 전(화)	휴식
	11일 전(수)	**조깅** 60분
	10일 전(목)	**워킹** 45분
	9일 전(금)	**워킹** 45분
	8일 전(토)	**롱 슬로 디스턴스** 120분 o⋯⋯⋯ **POINT**
	7일 전(일)	**워킹** 60분

POINT 120분간의 롱 슬로 디스턴스는 가장 힘든 훈련이다. 이 훈련을 잘
소화할 수 있도록 조깅과 워킹을 반복하며 체력을 키우자.

MEMO

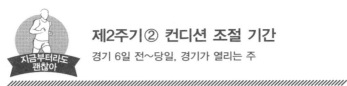

제2주기② 컨디션 조절 기간
경기 6일 전~당일, 경기가 열리는 주

지금까지의 훈련을 순조롭게 잘 해왔다면 경기 4일 전에 60분 동안의 조깅은, 트레이닝을 시작한 초기보다 훨씬 달리기가 수월해졌다는 걸 실감할 것이다.

경기 당일에는 몸이 다소 무거운 듯한 상태로 마라톤에 도전하는 것이 좋으므로 전날에도 90분간의 롱 슬로 디스턴스를 하면서 오랫동안 천천히 몸을 움직이자.

실제 경기에서는 조깅 60분과 워킹 10분을 5세트 반복한다는 느낌으로 달리는 것이 좋다. 아마 1km당 8분 정도의 페이스로 천천히 달리게 될 것이다. 조바심 내지 말고 훈련하던 것처럼 천천히 뛰다 보면 완주 가능성이 높아진다.

경기 전날, 몸을 움직이는 것이 중요하다

경기가 열리는 주	6일 전(월)	휴식
	5일 전(화)	휴식
	4일 전(수)	**조깅** 60분
	3일 전(목)	**워킹** 60분
	2일 전(금)	**워킹** 60분
	1일 전(토)	**롱 슬로 디스턴스** 90분 ○⋯⋯⋯ **POINT**
마라톤 경기 당일		

POINT 경기 당일에는 몸이 조금 무거운 게 좋으므로 경기 전날 몸을 천천히 오래 움직인다.

MEMO

7;

마라톤
Q&A

김철언의

마라톤 100일

트레이닝

마라톤에 대한
궁금증을 해결하자! ------------------

누가 가르쳐주지 않아도 어린이들은 공원 곳곳을 부지런히 뛰어다닌다. 그만큼 달리기는 우리가 어릴 적부터 해온 친숙한 행위이다. 또 여러 스포츠에서 사용하는 가장 기본동작이기도 하다.

하지만 마라톤 트레이닝을 하다 보면 제대로 달리는 게 얼마나 어려운 일인지 실감하게 될 것이다. 기초 트레이닝을 어떻게 하면 좋은지, 경기 중에 주의할 점은 없는지 궁금한 게 많이 생길 것이다. 이번 장에서는 마라톤을 하다 보면 생길 수 있는 다양한 상황별 질문에 대해 답해보려 한다.

Q 달릴 때 팔은 어떻게 흔들어야 할까?

A 사실 팔은 골반을 움직여서 상반신과 하반신을 연동시키기 위해 흔드는 것이다. 단순히 어깨만으로 팔을 움직이는 것이 아니라 견갑골을 사용해 흔드는 것이 중요하다. 그러기 위해서는 '올바른 자세로 서는 것'이 중요하다. 그래야만 나중에 달리기를 잘할 수 있다. 달리면서 견갑골을 움직인다는 생각으로 팔을 흔들며 올바른 자세를 익히자.

팔을 흔드는 동작은 앞으로 내밀 때보다 뒤로 당길 때가 더 중요하다. 힘을 너무 많이 주어서는 안 되지만, 넷째 손가락과 새끼손가락에 의식을 집중하면서 팔꿈치를 뒤로 당기듯이 하면 팔을 자연스럽게 흔들 수 있다.

❓ 경기 전에 40km를 달리는 훈련이 필요할까?

🅐 이 책의 트레이닝 메뉴에서는 30km를 달려도 충분히 훈련 효과를 얻을 수 있다고 생각해서 일부러 40km를 달리는 훈련을 넣지 않았다. 하지만 경기 전에 40km를 달릴 수 있다면 좀 더 큰 효과를 기대할 수 있을 것이다. 또 40km를 달려보면서 얻는 정신적 안정감이 경기에 임할 때 긍정적으로 작용할 것이다. 단, 40km를 어느 타이밍에 달려야 하는지 정하기가 쉽지 않다.

40km 달리기는 몸에 피로나 부담을 크게 줄 뿐만 아니라, 몸이 그에 반응해서 효과를 발휘하기까지 생각보다 오랜 시간이 걸린다. 경기 당일에 연습 효과를 최대한 발휘하려면 40km 달리기는 3주 전이나 한 달 전에 끝마치는 것이 좋다.

❓ 거리 감각과 페이스 감각을 익히려면 어떻게 해야 할까?

🅐 중급자까지는 1km를 몇 분에 달리는지 세세하게 파악하지 않고, 자신의 주행 기록만 잘 관리하면 된다.

하지만 풀코스 마라톤에서는 페이스 감각을 익히는 것이 매우 중요하며, 특히 상급자는 자신의 페이스를 반드시 파악해야 한다.

우선 1km 단위로 거리를 알 수 있는 코스를 찾아본 다음, 그곳에서 자신이 어느 정도의 페이스로 달리는지 시계로 확인하자. 심박계, GPS 시계, 페이스메이커, 스마트폰 등 페이스를 측정할 수 있는 도구는 다양하다. 하지만 이러한 것들은 오차가 발생할 수 있다. 그보다 훨씬 예민한 것이 인간의 감각이다.

실제로 일류 선수들은 단 1초 차이도 없을 정도로 페이스를 몸에 익혀나간다. 자신의 체내 시계의 정밀도를 높일 수 있도록 노력하자.

단, 페이스 감각을 익혀나갈 때 '힘든 정도'를 판단의 기준으로 삼아서는 안 된다. 그날의 컨디션이나 체중, 피로 정도에 따라 차이가 날 수 있기 때문이다. 시계를 확인하면서 주위 풍경이 얼마나 빠르게 스쳐 지나가는지 시각적으로 페이스를 기억하는 것이 중요하다. 야간에는 속도를 좀 더 빠르게 느끼기 쉬우므로 그 점도 주의한다.

Q 신발 깔창이나 착압 기능을 갖춘 운동복 등이 실제로 도움이 될까?

A 요즘 달리기 열풍이 불면서 여러 업체가 저마다 기능성이 뛰어난 상품을 개발해 내놓고 있다. 소비자 입장에서는 반가운 일이다.

하지만 주의해야 할 점이 있다. 이제 막 유행하기 시작한 제품은 곧바로 사지 않는 것이 좋다. 어떤 기능이 있는지 충분히 살펴본 뒤에 사용하도록 하자.

테이핑 등을 사용하는 사람도 있는데, 땀을 많이 흘리는 장거리 달리기는 테이핑 효과가 오래가지 못하며, 오히려 신체 균형을 무너뜨리는 경우도 있다. 착압 기능이 있는 보정 웨어도 비슷한 현상을 초래할 수 있다.

운동할 때는 장비도 중요하지만, 그보다는 몸이 먼저라는 사실을 잊지 말자.

사실 일류 선수들은 아주 심플한 복장으로 달린다. 마라톤은 눈속임이 통하지 않는 스포츠이다. 자신의 몸을 단련하는 것이 가장 중요하며, 장비는 보조 수단에 불과하다.

Q 근력 트레이닝은 꼭 필요할까?

A 평소에 운동을 잘 하지 않는 초보자는 달리기에 필요한 기초 체력이 절대적으로 부족한 경우가 많아서 근력 트레이닝을 하면 효과를 얻을 수 있다. 스쾃(squat) 등으로 달리기에 필요한 다리 근육을 키우고, 복근이나 등 근육 등의 체간을 단

련해 달리는 데 필요한 기초 근력을 향상시키는 것이 좋다. 또 상급자의 경우에는 근력 트레이닝을 하면 부상을 방지하는 데 효과적이다.

단, 마라톤은 최소한의 근력만 요구된다고 봐야 한다. 마라톤을 할 때 몸은 가능한 한 가벼운 편이 좋다. 따라서 근력을 너무 키우면 몸이 무거워지므로 과한 운동은 금물이다. 보디빌딩을 하는 것이 아니므로 근력 트레이닝은 다른 훈련을 보조하는 정도가 적당하다. 그보다는 달리기를 하면서 필요한 근육을 강화해나가는 것이 바람직하다.

Q 체중은 어느 정도가 적당할까?

A 신장과 체중으로 비만도를 측정하는 체질량지수(Body Mass Index, BMI)가 하나의 기준이 될 수 있다. 체질량지수는 '체중(kg)을 키(m)의 제곱으로 나누어 계산한 값'인데, 비만 정

도를 측정하는 방법 중 하나로 사용한다. 체지방률과의 상관관계도 높다.

체질량지수의 표준치는 22.0으로 알려져 있는데, 러너의 경우는 표준 체중보다 조금 마르기 쉽다. 체질량지수가 20~22 정도를 벗어나지 않도록 체중을 관리하는 것이 좋다. 예를 들어 키가 165cm인 사람의 표준 체중은 59.9kg이며, 이때의 체질량지수는 22.0이다. 같은 키에 체중이 54.5kg일 경우에는 체질량지수가 20.0이 되므로 러너로서는 체중을 54.5~59.9kg으로 유지하는 것이 이상적이다.

경기 당일

Q 경기에 참가할 때 준비물로는 무엇이 있을까?

A 대회 참가등록증이나 사전에 교환해둔 번호판 외에도 운동화, 운동복, 모자, 팔 토시, 장갑, 선글라스, 반창고(남성은 유두가 옷에 쓸려 아프지 않도록 니플 밴드를 붙인다), 수건, 갈아입을 옷, 손톱깎이 등이 필요하다.

소염진통제나 바셀린 등도 있으면 좋다. 또 비가 오거나 날이 추울 때는 올리브오일이나 베이비오일 등을 지참하면 편리하다. 물이 튀면 보습성이 높아지므로 허벅지 앞쪽, 팔과 배, 무릎 등에 발라두면 좋다.

또 달리는 시간이 길어질 것 같은 사람은 웨이스트 백 등에 보조 식품 등을 넣어두는 것도 필요하다.

나는 경기에 필요한 이런 물품을 늘 한데 담아놓는다. 경기 당일에 빠뜨리는 물건이 있으면 곤란하므로 미리 정리해두는 것이다.

Q 경기 전에 식사는 어떻게 하는 것이 좋을까?

A 경기 전날에는 에너지원인 탄수화물을 주로 섭취하는 것이 좋다. 밥이나 파스타, 떡 등이 적당하다.

또 마라톤을 하면 간에 부담을 주므로 경기 전날에는 술을 삼가야 한다. 만약 술을 마셔야 할 일이 있으면 속이 차가워지지 않도록 뜨거운 물을 섞어 마신다.

경기 당일에도 탄수화물 위주로 섭취한다. 주먹밥 2개, 바나나 1개 정도면 충분하다. 국내 대회라면 반찬이 적은 밥 위주의 한식도 좋다. 바나나는 미네랄이 풍부해서 마라톤 선수에게 인기가 높다. 급수소에 마련해놓는 경우도 있다.

식사를 한 직후에는 내장에 혈액이 집중된다. 따라서 경기가 시작되기 한참 전에 식사를 미리 해두는 것이 좋다. 서브 스리를 목표로 하는 러너라면 경기 시작 3시간 전에 먹도록 한다. 단, 완주하는 데 6시간이 걸리는 사람은 너무 일찍 먹으면 달리는 도중 공복을 느낄 수 있다. 그런 사람은 공복을 느끼지 않도록 경기 직전에 무언가를 가볍게 먹어두는 것이 좋다.

Ⓠ 워밍업은 어떻게 하는 것이 좋을까?

Ⓐ 부상을 방지하고 최고의 기량을 발휘하려면 워밍업이 매우 중요하다.

우선 몸과 근육을 따뜻하게 데우자. 스트레칭을 해서 관절과 근육을 풀어준 다음, 집중해서 워킹을 한다. 서브 스리를 목표로 하는 사람은 가볍게 조깅해서 몸을 데우자. 서브 스리를 달성하려면 1km를 4분 15초 이내에 달려야만 하는데, 처음부터 이 정도의 페이스를 유지하려면 워밍업을 충분히 해야 한다.

하지만 그 정도 수준이 아니라면 굳이 워밍업으로 조깅을 할 필요는 없다. 출발할 때 처음 10km 정도를 워밍업 삼아 천천히 뛰는 것으로 충분하다.

겨울철에는 출발선에서 대기하는 시간이 길면 몸이 얼 수 있다. 요즘은 근육에 바르는 발열 크림 같은 제품도 있으니 한번 이용해보는 것도 좋다. 몸이 언 채로 있으면 무릎이나 발목 같은 관절 부위가 아플 수 있으니 주의하자.

Q 경기에는 어떤 마음가짐으로 임해야 좋을까?

A 우선 출발하기 전에 흥분을 가라앉히고 차분하며 냉정한 자세를 유지하는 것이 중요하다. 출발선에서는 경기를 '기승전결'로 나누어 생각해보자.

경기 초반인 '기(起)'. 이때는 무엇보다 오버 페이스를 범하지 않는 것이 중요하다. 주변 선수들이 흥분해서 앞으로 급히 뛰어나가면 당신을 앞지르는 사람이 점점 더 많아지겠지만, 당황하지 말고 자신의 페이스를 파악하는 데 집중하자.

출발선에서 10km 정도 지나 경기의 흐름에 어느 정도 익숙해지면 이제 '승(承)'에 접어든다. 점점 리듬에 맞추어 뛰면서 컨디션이 살아난다. 그러다 보면 자기도 모르게 속도를 더 내고 싶겠지만, 이때 잘 참아야 한다. 꾹 참고 자신의 페이스를 유지해야만 경기 종반에 끝까지 버틸 수 있다.

'전(轉)'은 25km 전후 구간이다. 속도를 내고 싶은 것을 참고 느린 페이스를 유지해왔어도 이때쯤 되면 조금 힘들어진다. 좀 더 힘을 내야 하지만, 이때 중요한 점은 '너무 애쓰지 않는 것'이다. 분발하려는 마음이 너무 강해지면 몸이 뻣뻣해진다. 처음 출발했을 때의 마음으로 돌아가 힘차게 걷던 동작을 떠올리자. 목표로 하는 페이스와 현재 자신의 페이스를 확인한 다음, 여유를 가지고 뛸 생각을 하자. 두 팔을 위로 쭉 뻗거나 허벅지와 목덜미에 물을 뿌리며 정신을 차려본다.

이제 드디어 '결(結)'이다. 골인 지점까지 힘든 상황이 이어지겠지만, 끝까지 잘 버텨보자. 도중에 걷거나 속도가 떨어지지 않도록 노력한다. 마지막 1km에 접어들면 아무리 힘든 사람도 달릴 수 있게 된다. 고통에서 해방되는 순간, 그 앞에는 영광의 결승선이 기다리고 있다. 막판에 속도를 올려서 골인 지점까지 그대로 달려가자.

Q 경기에서 이상적인 페이스 배분은 어떤 것일까?

A 다음의 그래프를 보자. 이 그래프에는 어떤 두 선수의 레이스 페이스가 나와 있다. 흔히 범하기 쉬운 오버 페이스는 전반에 몸이 가볍게 느껴져서 빠르게 달리지만, 절반 지점을 넘어서면 속도가 급격히 떨어진다. 골인 지점이 가까워질수록 페이스 저하가 심해지므로 30km를 넘어가면 몹시 힘든 경기가 된다.

반면 이상적인 페이스 배분은 초반에 조금씩 속도를 올리다가 후반에 약간 떨어지기는 해도 잘 버텨서 하락 폭이 적은 상태로 경기를 이끌어나가는 것이다. 만약 처음부터 끝까지 계속 일정한 속도로 달린다고 해도 후반에 접어들수록 피로가 축적되므로 페이스를 유지하는 데 더 많은 노력이 든다. 즉 전반에 얼마만큼 힘을 아껴두었다가, 그 힘을 후반에 사용할 수 있는

경기에서의 페이스 배분

어느 두 선수의 페이스 변화를 그래프로 표시했다.

마라톤을 할 때 흔히 범하는 실수는 경기 초반에 오버 페이스를 하는 것이다.

① 특히 경기 초반에 속도를 지나치게 올리지 않도록 참는 것이 중요하다.

② 절반 지점을 지나 경기가 종반에 가까워지면 피로가 쌓이기 시작한다. 전반에 아껴두었던 힘을 쥐어짜서 끝까지 달리자.

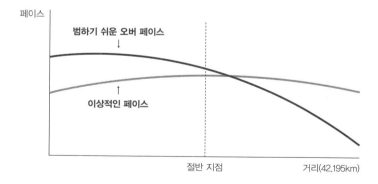

지가 관건이다.

제아무리 세계기록 보유자라고 해도 마지막에는 페이스가 조금 떨어지기 마련이다. 하지만 초반에 페이스를 급격히 끌어올리지 않고 인내하면 마지막까지 버티는 데 반드시 도움이 된다. '경기 초반의 인내심'이야말로 마라톤 경기의 결과를 좌우하는 핵심이다.

Q 수분 섭취는 어떻게 하는 것이 좋을까?

A 완주를 목표로 오랜 시간 달리는 선수뿐만 아니라, 서브스리를 목표로 하는 상급자도 모두 급수소에서 수분을 섭취하는 것이 좋다. 급수소가 3km 지점마다 있다면 급수소 한 곳을 지나쳐버릴 경우 6km를 달리는 동안 수분을 섭취하지 못하게 된다. 또 급수소가 5km 지점마다 있는 경우에는 한 곳을 지나치면 무려 10km를 달리는 동안 수분을 섭취하지 못

하게 된다. 이는 경기 후반에 큰 부담으로 작용할 수 있다.

물을 마시기만 하는 것이 아니라 머리와 목덜미, 무릎이나 허벅지 같은 다리 부위에 끼얹는 것도 효과적이다. 더운 날에 경기를 한다면 특히 더 그렇다.

서브 스리를 노리는 선수라면 일류 마라토너처럼 재빠르게 수분을 섭취하자. 반대로 완주를 목표로 하는 선수는 무리하지 말고 천천히 걸으면서 수분을 섭취하자. 단, 수분 섭취가 아무리 중요해도 지나친 것은 금물이다. 배가 출렁거려서 제대로 뛸 수 없다.

Q 경기 중에 발생하는 문제에 어떻게 대처해야 할까?

A 가끔 경기 중에 예상치 못한 문제가 발생할 때도 있다. 가장 흔히 일어나는 문제는 물집이다. 물집이 심하게 잡히면 통증 때문에 발을 지면에 디디는 것조차 힘들어 자세가 무너

져버린다. 물집이 생긴 부위를 너무 꼭 감싼 나머지 다른 부위에 통증이 발생하는 경우도 있다. 증상이 너무 심할 때는 무리하지 말고 기권을 고려해야 한다.

훈련할 때도 물집이 잘 생기는 사람은 바셀린을 바른 다음, 반창고를 붙이는 것이 좋다. 신발 사이즈가 너무 작거나 클 때도 물집이 생기기 쉬우니 주의하자.

경련도 종종 발생하는 문제 중 하나이다. 염분, 즉 나트륨 부족이나 수분 부족 등이 원인인 경우가 많다. 경기 전에 소금 사탕이나 장아찌 등을 섭취해서 염분을 보충하자. 스포츠 드링크에도 나트륨이 들어 있으므로 급수소에서 물 대신 마시는 것도 좋다.

또 혈당치가 낮아졌을 때는 사탕을 먹는 것도 좋지만, 설탕보다는 과당이나 포도당이 더 효과적이다. 이럴 때는 구연산이 함유된 과일이나 스포츠 드링크가 좋다.

물은 '마시는 것'뿐만 아니라 '뿌리는 것'도 중요하다. 근육통 등이 신경 쓰인다면 물을 뿌려 식히기만 해도 어느 정도 효과를 볼 수 있다. 물을 몸에 뿌리고 싶을 때는 일반 물을 택해야 한다. 그리고 경기 도중 수분을 섭취할 때 물과 스포츠 드링크를 모두 마시면 좋지만, 한쪽만 택해야 하는 경우에는 자신의 몸 상태를 확인해서 정하도록 하자.

Q 경기 종반의 고통을 어떻게 견뎌야 할까?

A 경기가 후반부에 접어들면 누구나 고통스럽다. 하지만 그동안 훈련을 하면서 쏟은 자신의 노력을 믿고 힘을 내야 한다. 고통은 파도처럼 밀려온다. 하지만 한없이 이어지는게 아니라 조금 편해지는 타이밍이 있으므로 그때가 오기만 기다리며 힘든 시간을 견뎌내자. 이처럼 마라톤은 정신적 면의 영향이 커서 강한 정신력이 요구된다.

자신을 제치고 앞으로 나아가는 사람을 뒤쫓으면서 고통을 이겨내려는 사람도 있다. 그러나 남아 있는 거리와 자신이 쫓아가는 선수의 속도를 고려하지 않으면 결과적으로 오버 페이스를 범해 쓸데없이 피로만 쌓일 수 있다.

살면서 이렇게까지 고통스러운 상황을 맞닥뜨리는 경우는 그리 많지 않다. 풀코스 마라톤은 고통스러운 상황에 처했을 때자신이 어떻게 변하는지 제삼자 입장에서 스스로를 관찰하는 좋은 기회가 될 것이다.

또 이렇게 힘든 상황에서는 길가에서 사람들이 보내는 응원의 목소리가 얼마나 따뜻하고 용기를 주는지 실감하게 된다. 자신처럼 잔뜩 지쳐 있는 동료 선수들에게 응원을 건네는 것도 고통을 견디는 데 의외로 효과가 있다.

마라톤 경기에서 결승점에 들어서는 모습은 사람마다 그야말로 천차만별이다. 어떻게 들어가든 그 사람의 자유다. 결승선까지 오로지 자신의 두 다리만으로 달린 것이다. 기뻐서 주먹을 불끈 쥐며 환호성을 지를 수도 있고, 눈물을 펑펑 쏟을 수도 있다. 부디 여러분도 엄청난 감동과 함께 완주의 기쁨을 맛보기 바란다.

모든 마라토너의 성공을 빌며

마라토너는 어떤 계기로 달리기 시작한다. 달리는 습관이 생기면 언젠가는 풀코스 마라톤을 완주하는 기쁨을 맛볼 수 있다. 그러고 나면 기록 경신이라는 새로운 목표에 도전하게 된다. 자신의 최고 기록을 경신하려면 트레이닝이 필수이다. 하지만 지식과 경험, 시간이 한정되어 있는 가운데에서 도대체 어떤 식으로 훈련해야 기록을 경신할 수 있는지 답답해하는 사람이 특히 시민 마라토너 중에 많을 것이다.

이 책은 그런 시민 마라토너를 대상으로 아마 처음 출간한 마라톤 트레이닝 전문 해설서일 것이다.

마라톤 트레이닝은 결코 그 깊이가 얕지 않으며 개별성이 강하다. 그렇기에 누구나 쉽게 이해하고 응용할 수 있는 말로 집약하기가 쉽지 않다. 마라톤 코치인 나는 일부러 그 어려운 과제에 도전했다. 트레이닝 메뉴를 작성하는 데 꼭 필요한 능력 가운데 하나는 운동생리학 같은 지식을 바탕으로, 그 메뉴를 수행하는 마라토너가 어떤 식으로 바뀔지 예상해보는 풍부한 상상력이다.

얼핏 그저 단순히 숫자를 나열한 것처럼 보이는 트레이닝 메뉴라도 사실은 그것을 실행하는 선수의 복잡한 신체적 변화 과정이 담겨 있다. 트레이닝 메뉴에 1+1=2라는 단순한 해답은 없다. 100명이 있으면 100가지 메뉴가 필요하다. 가령 한 선수가 열 번의 마라톤 경기를 같은 기록으로 완주해도 그 선수에게는 열 가지 훈련 메뉴가 존재한다. 그처럼 천차만별인 점 또한 마라톤의 묘미가 아닌가 싶다.

'마라톤 트레이닝이란 마치 예술품을 만들 듯이 자신의 몸을 자신이 지닌 식견과 상상력을 통해 스스로 만들어나가는 과정이다.'

이렇게 생각하면 하루하루 훈련을 더 충실히, 즐겁게 할 수 있을 것이다. 정성껏 만들어낸 이 세상에 단 하나뿐인 자신의 작품이 마라톤 경기라는 발표회에서 수많은 사람의 시선을 받으며 그들에게 감동을 안겨줄 수 있다고 생각해보자.

이 책을 구성하는 데에는 나카무라 아키히로(中村総宏) 씨가 도움을 주셨다. 나카무라 씨는 이제 4초만 단축하면 서브 스리를 달성하는 선수다. 이번에 얻은 지식으로 다음 경기에서는 반드시 서브 스리를 달성하길 기대한다. 그리고 바쁘다는 핑계로 좀처럼 글을 쓰지 못한 나에게 1년 가까이 끈질기게 연락하고 격려해준 편집부가 없었더라면 이 책을 완성하지 못했을 것이다.

마지막으로 지금까지 도움을 주신 모든 분께 감사드리며,
마라톤을 사랑하는 모든 러너의 성공을 빈다.

김철언